JN204444

# まずは副業で月10万！ FXチャート 最強実戦集

野田しょうご [著]　副業アカデミー代表 小林昌裕 [監修]

ぱる出版

# はじめに

## ◉ FXは世界規模の両替投資

こんにちは。僕は野田しょうご、普段は金融関係の本業もしているので、FXは実は副業です。

といっても、証拠金500万円を500倍以上のレバレッジがかけられる海外のFX口座に入れて、月利50-100％、月に200-500万円はコンスタントに稼いでいるので、どっちが本業でどっちが副業かわからなくなってますが…（笑）。

本業か副業かはともかく、FXって株式投資よりも知名度が低く興味を持っている人は少ないと思います。仮想通貨ほど投資の最先端というわけでもなく、少しハードルが高いと感じる人も多いみたいです。

でも大学時代は孤独で引きこもりに近い存在だった僕の人生が劇的に明るくなったのは、FXのおかげです。「FXは人生の恩人」「僕は相場の神様に生かされている」といってもいい過ぎじゃありません。だからこそ、みなさんに**FXの稼ぎ方、楽しみ方を知ってほしい**と思い、この本を書きました。

のっけから熱くなってしまいましたが、本書はど素人の方や初心者の方も理解できるように書いてますので、まずは「FXってなんなの？」という説明をしておいたほうがいいですね。

FXの「F」は「フォーリン（外国）」、「X」は「エクスチェンジ（交換）」で、2つ合わせて「外国為替」とか「外貨取引」の意味になります。

海外旅行に行った人ならわかると思いますが、空港に着いたらまず最初にやるのは、両替所などで財布の中の日本円を現地の通貨に両替すること。あの両替が、FXのイメージです。たとえば1ドル＝100円のときにドルを買って、101円になったときに売れば得しますよね。この両替による投資

を、ネットを使って世界規模でやって稼ごうというのがFXです。

## ◉ FXはなぜ副業に最適なのか

FXの特徴はそのシンプルさにあります。とにかく明快。お買い物をするときって、いろいろと悩みますよね。株なら「どの会社の株を買うべきなのか」とか、もういろっいろっ悩むわけです。でも数千社もある会社のなかからお買い得の株を選ぶのって本当に難しいこと。

FXではそんな悩みは無用です。なぜなら、「買い」「売り」と表現するものの、FXはお金をお金に交換しているだけだから。メジャー通貨なんて、米ドル、日本円、ユーロ、英ポンドだとか7〜8種類です。

このメジャー通貨の値動きの上下をイメージしながら取引するわけですが、極端にいえば「上がるか」「下がるか」は、そこまで重要じゃないんです。真剣に考えなきゃいけないのは、**「今の為替市場では、買いと売りのどっちが強いか」** だけ。

たとえば、米ドルと日本の円を交換する取引で、「ドルの買い手が強い」と思ったら日本のお金をアメリカのお金に両替すればいいんです。イメージ通り、ドルの買い手が強ければ、ドルの交換レートがどんどん値上がりしていくので、儲かる。ドル円なら「ドル君」と「エン君」。英国のポンドと円の交換なら「ポンド君」と「エン君」を見比べて、そのときどきに買いの勢いが強いほうを買って、弱いほうを売ればいいだけなんです。勝ち馬に乗る両替投資、それがFX。ねっ！ シンプルでしょ。

## ◉ チャートを制すものは、FXを制す

じゃあ、「どっちが強いか」は何を使って、どう判断すればよいのかなんですけど、僕は**チャート、それもライン分析**を中心に行っています。相場の行き先をイメージするにはチャートを分析するのがイチバン。

そりゃ、「どこぞの国が、こういう金融政策を取ったから、市場はこう

動くはずだ」と予想して稼ぐ「ファンダメンタルズ分析」と呼ばれる手法もありますが、初心者が行うのは至難の業です。副業FXなら、なおさら。だからみなさんはまず、チャートを分析できる力を身につけましょう。本書はチャート分析に特化した本になっています。「ラインの引き方」から、「買いか売りか」、「利益確定・損切りポイントはどこか」、「今後のシナリオの立て方」、「トレードプランの作成」まで、実戦に必要なポイントを押さえています。

「ラインって何?」というど素人の方はもちろん、すでに始めてはいるが中々利益を出せない初心者まで、幅広く役立つ内容になってます。問題を解くだけでチャートの分析力が身につくよう、良問だけをそろえました。「**この1冊で、チャート分析の基本はOK**」と自信を持って言えます。

## ◉ シンプル=ちょろい、じゃないからね

　ただ最後に一つ。FXはシンプルといったけど、これはカンタンって意味じゃないです。そりゃ「FXで稼ぐのちょろいっスわ〜」くら言いたいですけど、残念ながら僕は凡人だったので、そこまではいえません。

　今は、どう相場が動こうが、利益にもっていけるテクニックを身につけましたが、それは多くの失敗と多くの反省を積み重ねてきたから。一瞬で3000万円を溶かして、「お前、蜂に刺されたの?」ってくらいストレスで顔に吹き出物が出たこともあります。

　逆にいうと、ビギナーズラックを実力と勘違いして地獄を見たブタ野郎、つまり、始めたころの僕に向けて書いた本なので、FXの世界に足を踏み入れたばかりの方には最適な本なはず。

　**成功ノウハウだけでなく、失敗談も豊富に入れたのは、僕のような失敗をしないで、最短で稼げるトレーダーになって欲しいから、FXを生涯の副業にして資産形成に役立ててほしい**からです。

　前置きはここまで! それでは、これから僕が積み重ねてきたFXの経験とトレード技術をあますところなくご紹介していきますね!

# Contents

## はじめに

# 序章 目指せ、月利30％！ FXが副業に最適な理由

## 副業FX 3つの長所

## メンタルコントロールなくして勝利なし

第3章

# 参加者心理を見抜き<br>「陣地取りゲーム」でちゃっかりと勝て！

## 稼げるトレーダーは市場の心理を見抜く

# 野田式
# ライン分析の極意

## ライン分析がシンプルかつ有効な理由

## ホリゾンタルラインで「節目」を探れ！

## トレンドラインで方向性と角度をあぶり出す

# 序章

## 目指せ、月利30％！
## FXが副業に最適な理由

# 副業FX 3つの長所

## ◉ 長所①少ない元手を大きく増やせるレバレッジ

みなさんは副業で、どれぐらい稼ぎたいというイメージを持たれているでしょうか?

30万円の元手からFXを始めて毎月5万〜10万円稼げたら、かなり「いい副業」だと思いませんか?

FXの場合、「レバレッジ」という、てこの原理が使えるので、少ない元手でも大きな投資金額を動かせます。

30万円の元手から月5万円の利益というと、1ヵ月で元手が約16%増えたことになるので、月利16%。

かなりハードルが高いように思えますが、FXなら達成不可能な目標ではありません。

というのも、元手30万円に10倍のレバレッジをかけて投資すれば300万円。300万円の投資総額で5万円の利益を上げるには、投資した通貨ペアが約1・6%、自分のイメージ通りの方向に動いてくれればいいだけだからです。

たとえば、ドル円を3ロット(「ロット」は取引の単位でこの場合は3万通貨ということです)買って、値幅1円分、儲かったとすると利益は3万円になります。2円分、儲けることができたら6万円の利益で、ミッションクリアっ! になります。

株式投資の世界でも確かに1ヵ月で20%、30%上昇する銘柄はありますが、そんなお宝株に巡り会うのは宝くじを当てるようなもの。

やっぱり副業とはいえ、「仕事」として始めるわけですから、毎月コンスタントに安定して稼げることが大切ですよね。

## ◉ 長所②24時間値動きがあって稼ぎどころ満載

FXは株と違って、24時間世界中で取引されています。

本業があって昼間は取引できないという人でも、夜、ほんのちょっと余った時間があれば立派な副業トレーダーになれます。

24時間取引できるからといって、四六時中売買しているとトレード中毒になって必ず負けてしまいます。これは保証してもいいです。

だから、僕は日中、頻繁に売買を繰り返すデイトレードやたった1分、2分の値動きで細かい利ザヤを稼ぐスキャルピングはオススメしていません。こうした短期売買はメンタルのコントロールがとっても難しく、ついつい熱くなりすぎてしまって、結局、最後は大負けしてしまうことが非常に多いからです。僕は数日間〜数週間のスパンで取引をしています。

ただ、24時間取引されているということは、チャンスといえる値動きも豊富で、稼ぎどころ満載ということ。値動きのないところに利益はありません。**24時間たえず豊富な価格の変動があるFX市場は、**だからこそ安**定してコンスタントに稼ぐ投資ツールとしては最適**なんです。

## ◉ 長所③買いでも売りでも利益が上がる

**FXは買いも売りも自由自在**です。ドル円という通貨ペアが上がると思えば買って儲ければいいですし、下がると思えば売ればいい。

買いでも売りでも取引できるので、あらゆる値動きから利益が得られるのも、買い一辺倒の現物株取引にはない魅力です。

先ほど触れたように、銘柄が少ないので、1つから3つぐらいの通貨ペアに神経を集中していれば十分利益を出すことができるのも、片手間の副業向きといえるかもしれません。

通貨ペアをあまりに絞りすぎると、その時々で稼ぎやすい別の通貨ペアを見逃す「機会損失」があるかもしれませんが、下手に行動するよりかはマシです。

月利50-100％で稼ぐ**僕が取引しているのも、英ポンド円をメインにド
ル円とユーロドルを加えた3通貨ペア**ぐらい。

　いろいろな通貨ペアをすべて見ているのは面倒ですし、実際、値動きが
大きなポンド円だけでも十分勝てるのが「少数精鋭」の理由です。

　しかも、野田式副業FXでやることといえば、過去の為替レートの値動
きを記録した「チャート」を見るだけ。

　よくFXというと、「米国の雇用統計がどう」とか「アメリカの中央銀行
FRBがどう」とか理屈をこねまわす人もいますが、そんなことをつべこ
べ考えたからといって儲かるわけではありません。

　できるかぎりシンプルに、簡単に！　ただし、練習や反省、復習はとっ
てもとっても大切、というのが野田式FXのモットーです。

　本業で一所懸命頑張ったうえに、副業で頭も体も心もすり減らしてし
まっては身が持ちません。理屈は抜きにしてチャートを見る技術だけをと
ことん磨けば利益を上げられるからこそ、FXは副業に最適なんです。

## ◉ スイングで月利50-100％稼ぐのが僕のスタイル

　僕の取引スタイルは「スイング」といって**数日から数週間程度、ポジショ
ンを持って、相場のうねりで稼ぐもの**です。

　これまた、とても副業向きで、いったん取引を始めてポジションを持っ
たあと、為替レートがイメージ通りの値動きをしている間は、四六時中、
パソコンやスマホにかじりついている必要もありません。

　売買の判断はチャートを使った**ライン分析**がメインです。

　本書の目的も僕が究めたライン分析の基本をドリル形式で学習してもら
うことにあります。あとでたっぷり練習問題を解いてもらいますから、楽
しみにしてくださいね！

　僕は、数日から数週間のスイング取引で、**元手500万円を月利50-
100％で回してトレードしています。**一度にドカンと最大ポジションで取
引するのではなく、このポイントで買って、またこのポイントで買い増し

て…と、相場のうねりに合わせて利益を積み上げていくのが僕の手法です。

時には買いと売りのポジションを同時に保有する「両建て」という手法も駆使して、なるべく値動き全体から効率よく利益が得られるように工夫しています。

レバレッジが25倍までしか認められていない国内のFX会社で取引していたころは元手1000万円を証拠金として口座に入れていました。

でも、レバレッジを最大500倍とか888倍もかけられる海外のFX会社で取引するようになってからは、「1000万円もいらないんじゃね」と思い、元手の証拠金を500万円に減らしました。

100万円の元手でも月利20％で増やしていければ、「複利効果」というヤツも働いて、3ヵ月後には100万円が172万円になり、6ヵ月目には298万円になり、9ヵ月目には515万円になり、1年後には891万円に増やすことができます。

月利20％というと「とんでもないこと」に思えますが、レバレッジ10倍の取引では、元手100万円で投資総額1000万円を動かせるので、投資総額に対して2％の収益を月々、上げ続けることができれば達成可能です。

かなりリスクが高いですが、レバレッジ20倍の取引なら、投資総額のたった1％分の利益を上げるだけて、「1％×20倍＝20％」、すなわち元手100万円に対して月利20％の投資成績を上げることもできるんです。

むろん、そんなにとんとん拍子に行けば、誰だって億万長者になれちゃいます。獲らぬ狸の皮算用は禁物。目標を持つことは大切ですが、FXトレードって、「なにがなんでも100万円儲ける」とか「絶対、月利30％を達成する」とか、下手に数字や稼ぎにこだわると、逆に全然勝てなくなってしまうものです。

ただ、自分のトレード成績を振り返るとき、何万円稼いだかではなく、今月の成績は月利にすると何パーセントかで管理したほうが、長所を伸ばしたり欠点を修正したりトレード技術向上に役立ちます。

# ◉ 副業で月利10〜30％は難しくない

　レバレッジを効かせて投資できるFXでは、銀行預金や配当利回りのような「年利」で考えるのではなく、「月利」で資産管理すべきです。

　その際、資産を大きく躍進させる原動力になるのが、月利10％、20％、30％で増やしたお金もまた再投資に回して、雪だるま式に増やす「複利効果」です。

　図0-1は月利10、20、30％運用を1年間続けたら、元手がいくらまで増えるかを示したもの。

　月利10％なら1年後に資産は3.13％、つまり約3倍に増えます。

　月利20％なら1年後に8.91％、約9倍に。

　月利30％なら23.29％、なんと約23倍という驚異的なペースで資産を増やすことができます。

　むろん、これは単なる「絵に描いた餅」に過ぎません。

**0-1　毎月の利益を複利で運用すると1年でこれだけ増える**

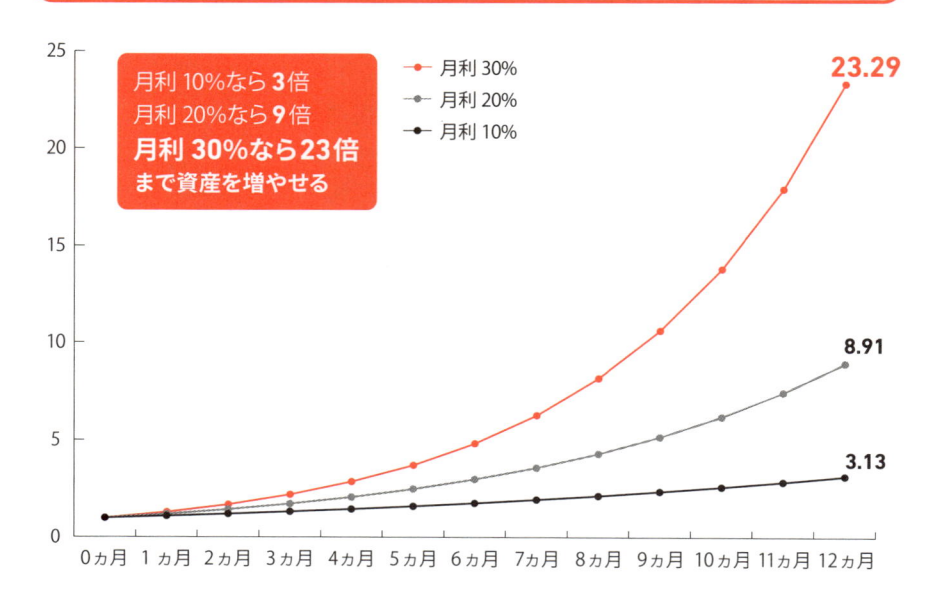

当然、利回りがマイナスになってしまう月もある、と思います。

ただ、**月利で考えて複利効果を最大限活用すると、資産が「劇的」に増える**ことがわかりますよね。

何をするにも目標はあったほうがいいです。

そして、いざFXを始めたら、自分の成績を月ごとに集計して、いったい月利でどれぐらい増えているかを管理すべき。

まずは、月利10％の成績が残せるように努力する。

さらに練習に練習を重ねて月利成績を20％、30％と上げていく――これが、あなたに課せられたFXのミッションだと思ってください。

## ◉ 元手は30万円ぐらいは欲しいところ

じゃあ、最初の資金はどれぐらい必要なのか？

少額資金しかない初心者の方からすると、10万円ぐらいから始めたいという人も多いと思います。でも10万円だと少ないかな～、と僕は思いますね。

よく「FXではレバレッジを最大25倍までかけられる！」と解説されていますが、それを信じて25倍ギリギリの取引をした場合、少しでもイメージがハズれて損失が拡大すると、一瞬でFX市場から退場するハメになります。

あまり欲張らず、着実にFXで稼ぐという意味では、元手10万円で取引できる通貨量は、だいたいどの通貨ペアでも2万通貨がマックスです。投資総額が大きい英ポンド円やユーロドルでは、元手10万円だと1万通貨しか取引できません。

元手10万円で1万通貨の取引では毎月1円分の値幅をとれても月間の利益は1万円、2円分とれても2万円ですから、絶対的な利益の額が少なすぎるんです。

そう考えると、**やはり元手は30万円ぐらいは欲しい**ところです。

30万円なら、レバ10倍の取引でも3万通貨の売買ができるので、1円

分の値動きをイメージできれば3万通貨×1円で3万円、2円なら6万円の収入になります。しかし、リスクのあるFXを副業にする以上、稼ぎの総額がコンビニやスーパーで土日にバイトする程度じゃ悲しすぎます。やっぱり、最低月々3万〜6万円ぐらいは稼ぎたいもの、10万円行ったら胸を張って「副業」といえるのではないでしょうか。

利益の絶対額を確実にバイト以上にするためには、元手は30万円ぐらいから始めたい――。そこまでのお金がないなら、まずは本業でしっかり働いて元手を貯めたほうがいいと思います。

## ⊙元手30万円を月利10%でまず100万円に

FXでコンスタントに副業収入を稼ぐスタートラインとしては、「元手30万円を1年間で100万円まで増やせるかどうか」が最初のミッション（図0-2）になります。

**0-2 元手30万円を1年間で100万円に増やすプロセス**

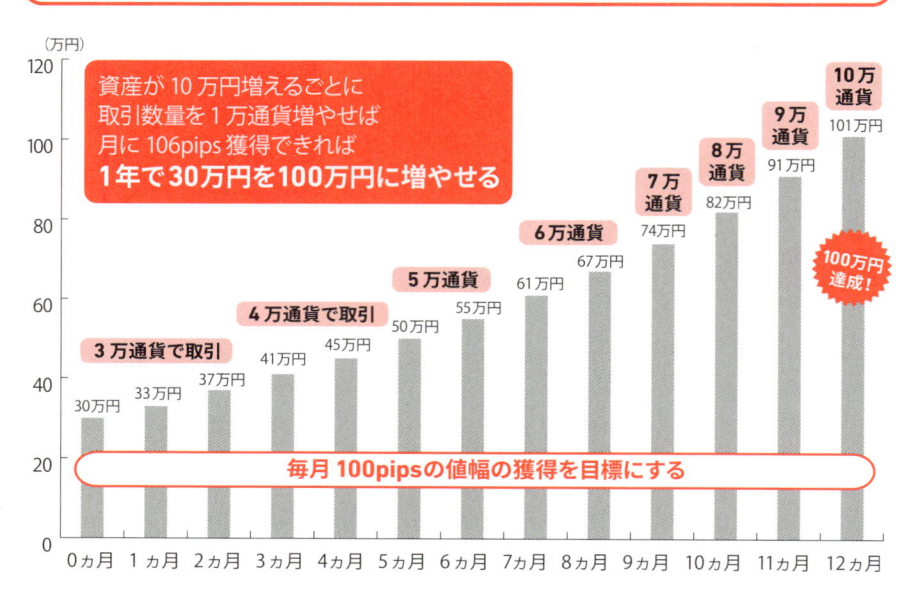

先ほどの月利で考えると、30万円を1年間で100万円まで増やすには、月利10％を目指せばいいことになります。

　ただFXって結局は値動きで稼ぐものですから、月利10％で資産を増やすためには月間何円分稼ぐかもある程度、イメージしておいたほうがいいと思います。

　通貨の値動きの単位は「**pips（ピップス）**」と呼ばれ、円の絡む通貨ペアの場合、1銭が1pips、1円が100pipsになります。

　たとえば、元手30万円でドル円3万通貨の取引をする場合、月間で100pipsの値幅を獲得できれば、利益は3万円になり、月利10％を達成できます。

## ⊙「毎月100pips稼ぐ」を目指す

　元手が40万円になれば4万通貨、50万円なら5万通貨…と、元手が10万円増えるごとに取引する通貨量を1万通貨ずつ増やしていけば、**月々のミッションはたえず「100pipsとること」に固定**できます。

　つまり、1ドル100円のドル円を買って101円になったら売る、もしくは売って99円になったら買い戻す取引が月1回できれば、月利10％を達成できます。

　むろん、勝ちたい金額を決めてトレードするとたいてい勝てないものですし、そんな簡単に稼げると思ったら大間違いです。

　月に100pips稼ぎたいといって、ドル円様が望み通りに100pipsぴったり動いてくれるなんて "奇跡" は残念ながら起こりません。

　ただ、「どうやったら月間100pipsとれるか」に意識を集中することは大切です。

　次ページの**図0-3**はドル円が2018年4月まで1年間、月間、何pips値動きしたかを示したものです。高値と安値の値幅だけ見ても、**1ヵ月100pips以上は必ず動きます。**

　その値動きの中から100pips分の値幅をコンスタントに稼いでいくのが、

あなたに課せられたゲームのルールです。

　FXは勝ちもあれば負けもある世界です。負けたときに熱くなって無謀な取引をしてしまい、さらに負けが込むような最悪な状況にならないためには、勝ちも負けも楽しむぐらいの気持ちが必要です。

　当然、連戦連勝なんてありえませんから、5勝5敗の勝率5分でも勝ちに持っていくにはどうすればいいかを考える必要があります。

　そのためには、リスクの高い大勝ちや一発逆転を狙うのではなく、==こつこつ勝率を高めたり、なるべく勝ったときの儲けが負けたときの損失に比べて大きくなるように損益管理を徹底することが必要==になります。

「30万円の元手で最大3万通貨の取引で月間100pipsゲット！」というのを最初の目標にして、元手が10万円増えるごとに1万通貨ずつ取引量を増やしていく。これを1年間続けることができれば、月利10％でも複利効果が働いて、元手を1年で3倍以上、100万円近くまで増やせます。

## 0-3　ドル円は1ヵ月で何pips値動きしているのか？

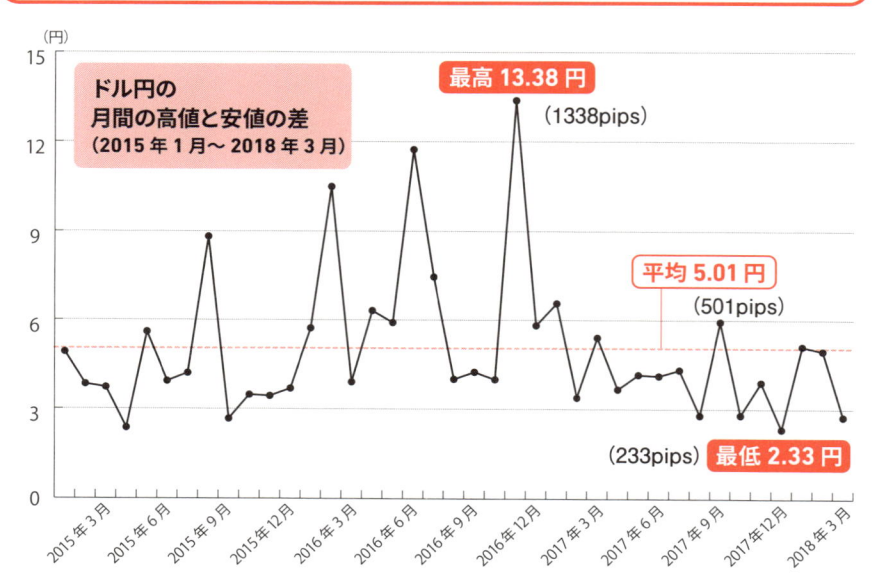

ドル円の
月間の高値と安値の差
（2015年1月〜2018年3月）

最高 13.38 円 （1338pips）

平均 5.01 円 （501pips）

（233pips） 最低 2.33 円

# ◉ 月収30万円まで行けばかなり立派な副業

　最初の1年で元手30万円を月利10％の複利運用で100万円まで増やせたら、その100万円を次の1年で3倍の300万円まで増やす――。

　このミッションが達成できたら、はじめて本番です。

　元手300万円にレバレッジ10倍をかけたら3000万円。

　月利10％の成績を上げれば月30万円、20％で回せば月60万円。そこまで行けば、かなり立派な副業収入といえるでしょう。

　**理想は元手500万円を月利10～30％で増やすこと。**

　レバレッジ10倍の取引だと、元手500万円なら最大50万通貨の投資総額を動かせます。50万通貨の取引なら1円の値幅で50万円の損益。元手500万円で月利10～30％の成績を残せれば、月々50～150万円の利益なので、立派な本業としても十分成り立ちますよね（**図0-4**）。

## 0-4 元手30万円から500万円までの収益プロセス

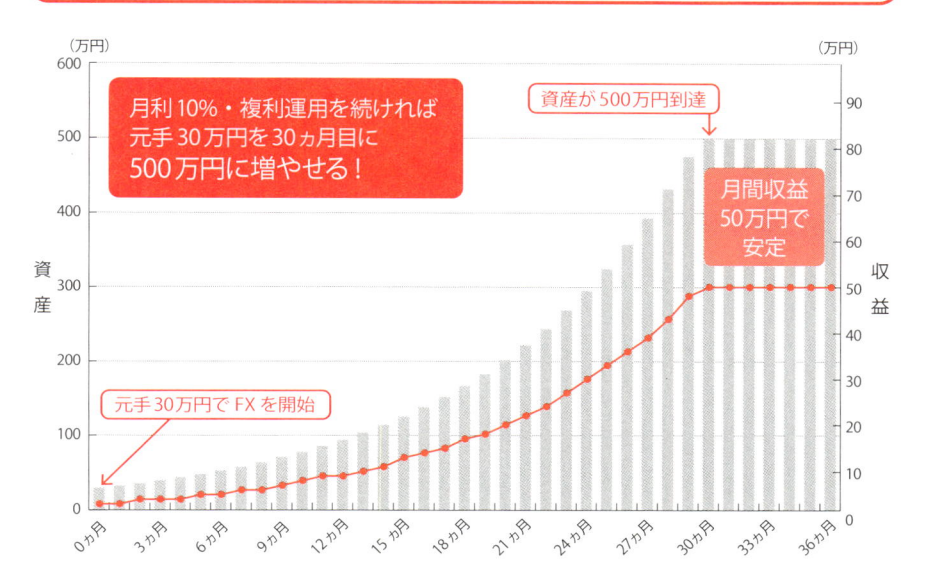

## ◉ 練習をお金に換える3つの心得

よく、「FXで1億円稼いだぜっ」という人もいますが、やっぱり、一過性の稼ぎで終わってしまったら副業としては意味がないですよね？

それよりも大事なのは、どんな状況でも負けずに利益を上げ続けることができる「再現性」ではないでしょうか？

たまたま勝てるだけじゃなくて再現性がないと「仕事」とはいえません。

再現性のあるトレードでコンスタントに利益を上げ続けたいと思うなら、「1億円」なんて数字に惑わされず、トレード技術や資金管理、メンタルコントロールを学ぶことに心血注いだほうがよっぽど人間的にも成長できますし、楽しみながらFX取引を続けられるはずです。

くれぐれもいっておきたいのは、

「そんなに簡単にFXでお金を稼げると思ったら大間違いなこと」、

「相場をなめてはいけないこと」、

「儲けるためには練習や鍛錬が必要で勝ってもおごらないこと」、

「自分がすごいんじゃなくて、相場の神様に稼がせてもらっている、という意識を持つこと」。

FXの練習は、

**1. トレード技術を高めること**

**2. 資金管理を徹底すること**

**3. 自分の心を律すること**

の3つを同時に行う、とても難しい作業で、いまだに僕だって失敗しますし、まだまだ未熟者だと思っています。でも、謙虚な気持ちで失敗に学び、感情をコントロールする習慣や経験を身につけ、練習→実践→復習を繰り返し繰り返し反復していけば、誰だってトレードがうまくなっていきます。

そして、副業として安定した収入をコンスタントに得ることができる、という究極の理想に一歩ずつ近づくことができると思います。

# 第1章

## FXにボコボコにされた僕が月利50-100%で稼げるようになったワケ

# 野田しょうご と申します。
# まずは自己紹介から

## ◉ きっかけは『金持ち父さん貧乏父さん』

僕が「投資」に目覚めたきっかけは、高校2年のとき、自営業を営む父親に手渡された『金持ち父さん貧乏父さん』という本でした。

その本はハワイ在住の日系アメリカ人、ロバート・キヨサキという人が書いた本で世界中で3000万部も売れたという大ベストセラーです。

本の中には、「一所懸命勉強しろ、そうすれば、いい会社に入れるから」という貧乏父さんと、「一所懸命勉強しろ、そうすればいい会社を買えるから」という金持ち父さんの強烈な対比が描かれていました。

本に書かれていたことを要約すると、

「あくせく自分でお金を稼いでも、日々の生活費に追われるだけではダメだ。自分が働くだけでなく、お金にお金を稼いでもらい、自分自身は他人のために働かなくていい人生を目指せ!」

ということになるか、と思います。

その本を読んで、僕は労働収入以外にも投資をすることでお金を得ることができるんだ、ということに目覚めました。

中学時代から僕は、「自分は勤め人にはなれない」「他人の命令に従って働くだけなんて嫌だ」と思ってました。

自分で会社を起業したり手に職をつけて稼げる仕事につくしかない、という思いも強かったので、「投資で稼ぐ」という『金持ち父さん貧乏父さん』の発想はとても新鮮で、心にぐっと染み込みました。

本の中では、「お金がお金を増やしてくれる」投資法として不動産投資が取り上げられていましたが、高校生で無一文の自分には、不動産を買うなんてちょっと想像できませんでした。

でも、サラリーマンになってもたいしたお金は得られないだろうし、じゃ

何があるんだ、と考えたら、「やっぱり株かな」と思いました。

「不動産は無理だけど、株なら買えそう。大学に入ったら100万円貯めて、株式投資を始めてみよう」

と漠然と心に決めていました。

## ◉晴れて大学入学。でも引きこもり

うちの家系がずっと自営業だったこともあり、「自分も起業するんだろうな」となんとなく思っていたので、大学では経営学部経営学科に進学しました。

受験勉強はほとんど何もしていませんでしたが、そんな自分の成績でも「ギリ、入れるのかここだ」という、MARCHと呼ばれる大学の1つになんとか入学できました。

我が家は東京の郊外にあるんですが、実家からすぐのところにその大学のキャンパスがあったので、「この大学なら通学に時間もかからないから楽そ〜」というのが、とっても単純な志望動機です。

でも、運悪くというか、よく調べもせずというか、僕が入学した学部のキャンパスは東京都心にあったので、通学に片道1時間以上かかることに。桜咲く4月に晴れて大学で授業を受けて、僕はびっくりしました。

一言でその大学の感想をいうと、

「ここは幼稚園かっ!」

教室に入ると、携帯電話で延々と大声で話しているヤツがいたり、カップ麺をずるずる食べたまま置きっぱなしにして立ち去るヤツがいたり、授業中も平気でぺらぺらしゃべってるヤツがいたり…。

昔から妙に正義感が強いというか、倫理的にダメだと自分が思うことは絶対にできないタイプの人間だったので、「自分と世の中、な〜んか、うまく合ってないな〜」という思いがあったのは事実です。

入学した大学に関しても、「全然、文化が違うとこに入っちゃった」とかなり衝撃を受けましたね。

1時間以上もかけて通学するのがウザかったこともあり、入学して1ヵ月後の5月には、もう大学に行かなくなりました。

　何も考えず、たいして勉強もしなかった自分が悪いんですが、大学に行かず、晴れて引きこもり生活を送ることになりました。

　とはいえ、ずっと引きこもっていたわけではなく、小学4年生のときから中学3年生まで計6年間通っていた近所の学習塾で塾講師としてバイトするようになりました。

　今、振り返ると、大学4年間で一番貴重なことは、その塾で学んだように思います。

　中学、高校時代の僕って、「他人なんかに興味持てない。自分自身のことだけ考えていればいいや。他人はバカ」って、本当に自己チューの塊（かたまり）のような人間でした。

　でも、その学習塾で、自分より年下の生徒たちに一所懸命に勉強を教えているうちに、初めて子供が好きになりました。
「ちっぽけなことかもしれないけど、こんな自分でも他人に対して、何か、影響を与えることぐらいはできるんだ」

　やっぱり、自分がしたことで他人が喜んでくれると、うれしいじゃないですか。これまでそんな感覚はなかったので、少し成長した気分でした。

## ◉授業そっちのけで株に没頭

　大学にも行かず、友達と遊び回ることもなく、塾のバイトだけやって、引きこもりに近い生活をしていたので、お金はすぐに貯まりました。
「大学生になったら株式投資をしたい」というのが僕の大学入学の一大目標だったので、早速、貯めたお金で株を買いました。

　幸い、僕が大学に入学した2004年は、ホリエモンのライブドアなど、新興市場のIT系企業の株が株式分割を繰り返したりして、どんどん上昇していた新興株バブルの年でした。

　当時、首相だった小泉純一郎政権のもとでバブル期の不良債権処理も進

み、翌2005年には郵貯民営化で鉄鋼株や銀行株など株式市場全体が大いに盛り上がりました。

とにかく相場が絶好調だと、株で儲けるのは楽勝です。

株を買って半年間ほったらかしておくだけで、「えっ、こんなに儲かっちゃったの」と驚くほど、利益が出ました。

学校にはほとんど行かなかったので、結局、大学は2度留年して、6年かけて卒業しました。

でも、塾のバイトをしたり、株の勉強をしたり、将来は自分で会社をやりたいと思っていたので経営学や経営者の本を読んだりして、自分なりに充実した学生生活を送ることはできたと思っています。

なにより、株とバイトのおかげでお金を貯めることにも成功しました。

その額は数千万円。これからの自分の人生の拠り所になってくれるはずの、血と汗と涙の結晶みたいなお金でした。

## ⊕ 会社はすぐ辞めて金融関連の世界へ

なんとか6年かけて大学を卒業したあと、普通の会社に就職しましたが、やっぱり「自分は勤め人には向いていない」という思いもあったので、たった7ヵ月で辞めました。

2年間留年していたのも大きく、僕はもう25歳になっていました。「このまま会社員として働いて27、28歳で結婚して子供ができちゃったら辞められないな〜」と思うと、イチかバチか起業するのは「どー考えても今しかない」という気持ちがふつふつと沸いてきました。

25歳で起業して、3、4年たっても芽が出ないで失敗しても、まだ28歳とか29歳。30歳まで行っていないからやり直しもきくはず。

会社に3年勤めて28歳ぐらいで起業して30歳越えて失敗してしまうよりかは断然いい、やり直しもきくし、という自分なりの読みもありました。

そこで幼馴染がやっていた金融系の会社に間借りというか、席を置きながら、当時、株以上に人気が高かったFXの世界で大金稼いでやろう、と

本格的に参戦してしまったんです。

　それが、運の尽き、地獄の始まりとも知らずに…。

## ◉いざ副業FXを開始！でもそれは悪夢だった

　相場がいいときに株を始めてトントン拍子で儲かったせいもあって、

「FXだって、たとえ取引に失敗して含み損を抱えても、ずっと持っていればそのうち利益が出るだろう」

　なんて、とってもとっても甘い考えで始めたのが大間違いでした。

　当時の自分はまだ「レバレッジって何？」「強制ロスカットって何？」っていう、右も左もわからないFXのド素人。

　まだレバレッジ規制がなかったこともあり、「株だと信用取引でも自己資金の3倍の金額しか投資できないのに、FXは自己資金に数百倍のレバレッジをかけて投資できるんだ。超ラッキー」ぐらいの感覚で、いきなり100万通貨の取引を始めてしまいました。

　僕がFXに本格参戦したのは2008年以前です。リーマン・ショックも経験しています。メインで取引していた英ポンド円は1ポンド120円ぐらいまで下がっていましたが、それでも100万通貨の取引だと、投資総額は1億2000万円にもなります。

　ドル円なんかと違って、英ポンド円は値動きが荒く、1日1円ぐらい平気で為替レートが動きますが、100万通貨の取引といえば、1円の上下動で100万円が動く世界です。

　株でもそうでしたが、自分自身、取引がドヘタというわけではなく、そこそこ稼げてしまったせいもあって、うぬぼれてしまった部分もあります。

「1円、予想通り動けば、100万円儲かっちゃう。株なんかより簡単に稼げちゃうな。俺って天才？」

　ちょっと儲かったからといって完全に調子に乗って、無謀な取引にのめり込んでしまったのが、まさに運の尽きでしたね。

　ビギナーズラックなんて、そんなに長くは続きません。

100万通貨の取引で含み損（売買は確定していない状態での損失）を食らっても「また予想の方向に戻るに決まってる。楽勝楽勝」と思っていたら、全然、戻ってこないっ!!

　大学時代に貯めた数千万円のうち、1000万円を入金していた僕のFX口座の残高はどんどん、ぐんぐん、がんがん目減りしていきます。

　そりゃそうです、100万通貨というと、1円予想がハズれると100万円損してしまう、とんでもない取引数量ですからっ!

　損切りできず、かといって、「損したことは絶対認めたくない」というヘンなプライドや意地だけは一人前以上にある若造＝当時の僕が取った行動は「ナンピン買い」でした！

　ナンピン買いとは、買いで入って、予想がハズれたら、また下値で買いを入れて平均単価を下げていく手法です。運よく、為替レートが上昇に転じれば、平均買い単価を下げた分、早めに含み損が含み益に代わって命拾いできます。でも、予想がハズれて為替レートが下がり続けたら、もー、目も当てられません。

## ◉ 1ヵ月で1000万円が吹っ飛ぶ

　大学時代に株とバイトで貯めた、大切な大切な1000万円が吹っ飛ぶのは「あっ!」という間の出来事でした。

　100万通貨をズドーンと張って、「やべぇ下がった、なんでだよ」と1円下がったところでまた100万通貨のナンピン買い。

　そしたら、「やっべぇぇぇ!」と言っているうちにさらに1円下がって、含み損はあっという間に300万円になり、1000万円の証拠金の時価評価額は700万円に目減りしていました。

　ここでさらに100万通貨をナンピン買いしたものの、無情にも下げ止まりの気配はまったくなく、さらに為替レートが1円下がると、最初の100万通貨ではすでに3円損しているので含み損300万円、次の100万通貨は2円の損で200万円、その次の100万通貨は1円の損で100万円、合計

600万円の損失です（涙）。

　も〜、このあたりになると、「自分は完全に間違えてしまった」「本当にどーしよーもない取引をしてしまった」ということは100%理解しているつもりでも、心と体がカチコチの金縛り状態になって動かない。

「今損切りしたら1000万円のうち、400万円は残る」というカネ勘定自体が、も〜、ど〜でもよくなってくるんです。

　とにかく「自分が間違えたこと、自分がクソバカだったこと」は重々承知でわかっているんだけど、その間違いだけは絶対に認められない。

　その間違いを認めるぐらいなら、残りの400万円なんかなくなってもいい。

「自分が大失敗した」という汚点を残したことだけが絶対に許せなくて悔しくって悲しくって、どんどん損失が膨らむのをただ茫然と見ているしかありませんでした…。

　結局、最初の1000万円はたった1ヵ月で、証拠金不足によって、ほぼすべてロスカットされることに（図1-1）。

　1000万円って、バイトだけで稼ぐには気の遠くなるような時間と労力が必要なお金です。それをたった1ヵ月でほぼすべて失ってしまった…。

「レバレッジって本当に怖い」

　頭と体と心のすべてを、同時にぶん殴られたような気分でした。

## ◉ 中指骨折3回、モニタ破壊5回

「ちくしょう!」

　1000万円が水の泡と消えるのを見ながら、何度、部屋の壁を思い切り拳骨で殴ったり、思うように動かない為替レートと膨大な含み損が映し出されたモニタにグーパンチを浴びせたことかっ!

「自分の負けを絶対に認めたくない。それを認めるぐらいなら死んだほうがまし」と思った自分は、また1000万円をFX口座に入金して、同じことを繰り返しました。

いかにレバレッジ数百倍までOKだった当時のFX会社でも、1つの会社で取引できる数量は100万通貨がマックスでした。

　なので、複数のFX会社に資金を分散して、100万通貨の取引を各社1回ずつできるようにしていたんですが、そんなところだけ知恵が働いて、肝心の取引のほうは最初の大失敗からまったく変わりません。

　貧すれば鈍するというのでしょうか、次の1000万円にもまた同じ悪夢が待っていました!

　同じように100万通貨の大砲をズドーンとぶちかまして、含み損が100万円を越えても悔しくて損切れなくて、またもやナンピン買い。

　含み損が200、300万円になったときは、「なんでだよっ!」「ちくしょう!」と壁やモニタを殴りまくって、骨折。

　も〜本当、完全に頭のおかしい、危ないヤツです。

　含み損が500万円を越えたあたりになると、もはや、壁やモニタを殴る気力も体力も残っていません。

## 1-1　100万通貨で1000万円が吹っ飛ぶプロセス

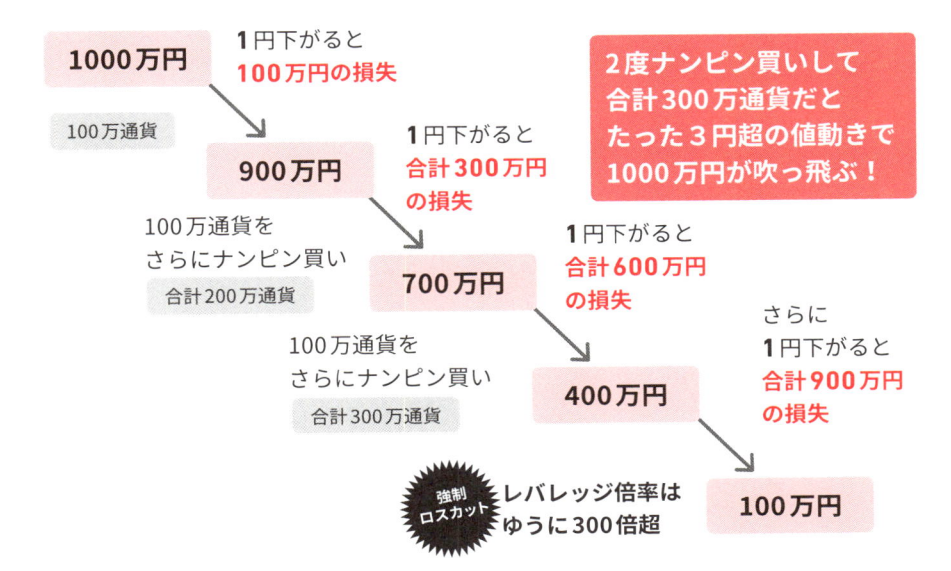

人間って本当にもうダメだとわかったら、不思議と感情もなくなって、ヘラヘラ、ニタニタ笑っているぐらいしかできないものなんです。

　その後も性懲りもなく、また1000万円をつぎ込み、結局、3000万円近くが泡と消えました。

　大学時代、株とバイトで稼いだ血と汗と涙の結晶の3000万円。

　会社を辞めて、起業した自分の絶対的な拠り所といえる大切なお金。その大半をあっという間に失いました。

　結局、損失の過程で殴りまくったせいで、中指骨折3回、破壊した液晶モニタは全部で5台——。

「俺は本当にクソバカだ、どーしよーもないブタ野郎だ」

　とにかく、僕はFXにボコボコに叩きのめされました。

## ◉「蜂に刺されたの？」——体に現れた異変

　楽しい大学生活からは距離を置きつつ、19歳から25歳まで、株とバイトにこつこつ励んで、汗と涙と努力の結晶として貯めたお金が一瞬にしてなくなりました。

　自分で会社を起業して最初の5年ぐらいの運転資金にはなるだろう、と思って貯めてきたお金がたった1年ほどで、ほぼすべて吹き飛んでしまったのです。

　そこまでボコボコに追い詰められると、人間ってどうなると思いますか？

　心はともかく、体に異常をきたしてしまうんです。

　地獄に落ちていた当時、たまたま友達と出会ったときです。

「野田クン、どーしちゃったの？　その顔、蜂にでも刺されたの？」

　と友達が心配そうな顔をして、僕の顔をまじまじと凝視しました。

　3000万円の大損を食らったあと、小さな赤い吹き出物が顔中にブツブツできるようになりました。

「あれ、顔になんか吹き出物ができてきたぞ」と少しは気にしてましたが、

大損の大ショックで顔のことなんか、気にかける余裕すらなかったんでしょう。

　自分の顔すら見たくない状況だったんだ、と思います、きっと。

　でも、他人から見ると、僕の顔は相当ひどい状態になっていたようです。

「その顔、ヤケドしたの？」

「顔中、真っ赤っかじゃん」

　と指摘されて、

「えっ、そうなの、ハハッ」

　と自虐的に笑うしかありませんでした。

　トボトボ家に帰って、一人、自宅の洗面台に立って、まじまじと自分の赤い吹き出物だらけの顔を見て、心底、思いました。

「自分は体が悲鳴を上げるほどFXで負けてしまった」

　中高生のころから負けず嫌いで、投資でも塾のバイトでも勉強でも、ある程度、その気になって頑張れば、そこそこの結果を上げることができました。他人に比べて、プライドが高すぎるぐらいの人間でした。

　大学に入学したあとも、携帯いじったり、授業中に私語したり、合コンとかサークルとか楽しいことばかり考えている同級生のことをある意味、上から目線で軽蔑していました。

　留年が決まったときも、「大学に行ったって、バカになるだけ」と他人のせいにしていました。

　でも、同じように大学に入学して、うまく立ち回った学友たちはそこそこ楽しい学生生活を送って卒業し、それなりの会社に就職して、みんな、うまくやっています。

　それに比べて、「世の中バカばっかり」とプライドばっかり高いくせに、2度も留年して、FXで血と汗と涙の結晶の3000万円を一瞬で溶かした自分のほうがよほど大馬鹿野郎じゃん、ということをつくづく思い知らされました。

　壁を殴って中指骨折しても、モニタを破壊しても、自分の頬っぺたを思いきりビンタしても、現実は何も変わらない。

吹き出物だらけの真っ赤な自分の顔を眺めて、

「完全に負けた、自分は本当に一番ダメな人間だ」

つくづくそう思った完璧な敗北の瞬間、自分をとことん全否定する以外ないところまで追い込まれたあの時——それが、その後の自分の原点になりました。

## ◉ 合計3000万円ロスして得た教訓

FXの大失敗は、自分のこれまでの人生や考え方、他人との接し方、世の中に対する考え方とどこか全部つながっている。

まずは自分自身を全否定しないとダメだ。今のままの自分じゃ絶対にまた失敗して、それこそ破滅するしかない。

とにかく自分は最低の人間だということを自覚して、死ぬほど反省する以外に道はないと思いました。

苦痛以外の何物でもありませんでしたか、自分があっという間にFXで3000万円を失った理由を必死で考えました。

一番大きな原因は、自分が「ギャンブル中毒、トレード中毒」に陥っていたことです。

ギャンブル中毒になると、勝てば勝ったで「もっと勝てる」「儲けそこなった」と悔しい思いがこみ上げて、さらに大勝ちするため、どんどんハイリスクな取引にのめり込んでしまいます。

つまり、勝っている間は絶対に取引を止めて、勝ち逃げできない。

じゃあ、いつ取引を止めることになるかというと、もはや身も心も資金面でも回復不能なぐらい、大きく負けたとき以外なかったんです。

せっかく、FXで儲けて自己資金を30万円→300万円→1000万円…と増やしていっても、僕のように100万通貨の取引にのめり込んで一瞬にして、全部すっ飛ばしたり、半分失ったりしてしまってはまったく無意味。残るのは精神的な疲労感と絶望だけ。

僕みたいに顔中吹き出物だらけになるのがオチです。

とにかく落ちるところまで落ちて、「このままじゃ絶対にダメだ」ということが頭だけじゃなく、つくづく体でわかりました。

体罰賛成というわけではないですが、やっぱり**顔面をボコボコになるまで殴られて初めてわかる「教訓」っていうのはあるん**です。

すべては自業自得です。誰のせいでもなく、自らのダメダメなトレードが生んだ結果でした。

だからこそ、絶対、FXで借りを返したい!

自信過剰でプライドだけ妙に高くて、負けを認めることができなかった自分自身に絶対に仕返しをしてやる!

そのためには「どうして失敗したのか」「どうすれば失敗しないのか」そして「どうすればFXでコンスタントに稼げるようになるのか」、とにかく死ぬほど考える必要がありました。

## ◉ 自分の性格を徹底分析して敗因がわかった

1000万円を一瞬で失う体験を懲りもせず3度も繰り返したわけですから、まずはトレードうんぬんよりも「自分のこの性格をなんとかしない限り、もうFXはしないほうがいい」という結論に達しました。

トレード分析どうのこうのよりもまず、自分の性格がヤバいな、と。

とにかく自分にはプライドが高すぎる部分があって、取引に失敗すると、カッとなって、頭に血が上ってしまうのがヤバい。

感情に振り回されやすい人間が、1回に100万通貨、つまり1億円以上という取引量で勝負していることが大間違いでした。

そこでまずは取引量を、それまでの10分の1の10万通貨に抑えて取引を再開してみることにしました。

100万通貨なら、1円の値幅で100万円の利益ですが、10万通貨だとその10分の1の10万円しか稼げません。

最初は「1回勝って、これだけかよ」と高揚感も充実感もなく、本当に味気ない気持ちでしたが、**取引数量を抑えることで退屈というか冷静な取**

引を続けると、**不思議と勝率が上がる**ことに気づきました。

　確かに1回1円の値動きで100万円とれていたものが、1回のトレードで10万円、それを10回繰り返してやっと100万円という取引に慣れるのには時間がかかります。

　さらに、僕が破滅的に負けたのは、最も損切りしなきゃいけない場面でどーしても損切りできなかったからです。

　ただ、僕は「絶対に損切りするのはいやだ」という損切り否定派ではありませんでした。

　FXを始めた当初は、「あっ、イメージと違った。こりゃ損切りだな」とこまめに損失確定して、心とポジションをリフレッシュして、また新たな取引に臨む、という投資スタイルでそこそこ好成績を上げていました。

　でも、下手に稼げてしまうことで、「なんだ、楽勝じゃん」と調子に乗ってしまったんです。

## ◉ 自分が許容できる損切り額はいくらか？

　きっと、10万円いや50万円、100万円程度の含み損なら、冷静になればお茶の子さいさいで損切りできたでしょう。

　でも、100万通貨の大砲を3度もぶちかまして、含み損が500万円を越えてしまうと、あまりに損失がでかくなりすぎて、もう損切りするのさえ怖くなってしまうものなんです。

　ここで損切りすると、自分の全存在が否定されるような気持ちというんでしょうか。逆にいうと、そこまで損切りできなかった愚かな自分にもう自暴自棄になって、「こんなバカは全財産失ったほうがマシだ」と自分自身に死刑宣告しているような心境というんでしょうか。

　確かに「ここからまた3円戻せば、この破滅的な損失から一気に生還して、含み益500万円だって夢じゃない」という一縷の望みにしがみついていたのも事実でした。

　とにかく、100万通貨でナンピン買い3回という取引数量は、ド素人に

毛が生えたような僕が行うには、あまりに大きすぎるポジションだったんです。

そこから得られる教訓は、「人には損切りしても心にダメージを追わないマックスの損切り額がある」というもの。

やっぱり、僕の場合、含み損が100万円オーバーになり、3ケタを越えるレベルになると、感情もリミッターオーバーになる傾向が顕著でした。

もう、「為替相場が今後、こう動きそうだから、こうすべき」といったイメージなんかどーでもよくなり、「自分が負けたということを絶対認めたくない気持ち」だけが心の中に充満してしまう傾向が異常に強い。それが自分の性格だと、冷静に自己分析しました。

「じゃあ、自分がスパスパ、なんの感情もなく損切りできる金額はいくらだろうか？」

と自問自答しました。

そして、マイナス10万円、いや20万円ぐらいなら、心にダメージを追わず、つまり、ある程度、気軽にスパスパ損切れることに気づきました。

確かに一度に勝つ金額は小さいけど、負けたときは楽だなという許容損益の額が自分なりにわかったのが大きかったです。

昔は損切りイコール破滅だったものが、予想がハズれれば、こまめに損切りができる程度の通貨量で取引できるようになりました。

FX取引が「人生や全プライドをかけた博打場」のようなものではなくなり、「機械的な利益確定と損切りを淡々と繰り返す日常業務」のようなものに変化した感じです。

## ◉ 許容できる損切り額から取引数量を決める方法

「負けても、これぐらいなら許容範囲」と思える損切り額が仮に5000円なら、取引数量は1万通貨に抑えて、1円の値幅で1万円の利益を狙いながら、損切りの値幅を50銭に設定すれば、損失は5000円以内に収まるので精神的にも楽な状態で取引を続けることができます。

僕の場合は、10万円までの損切りが許容範囲なわけですから、20万通貨で1円の値幅を狙いながら、50銭下がったら損切り、という取引数量と目標利益＆損切り幅なら許容範囲というわけです。

　無謀で破滅的な取引で地獄を味わった僕は、反省に反省を重ねて、トレードを続けました。

　100万通貨の取引で100万円の儲けがウサギとしたら、10万、20万通貨で10～20万円の儲けは亀の歩みです。

　でも、その歩みに慣れないと、自分にはもう未来はありません。

　世の中には、同じ10万円しか持っていない状況で、半分の5万円がぶっ飛んでも平気なハイリスク上等な人もいれば、1万円たりとも失いたくない石橋を叩いて渡る人もいるもの。

　自分の心のバランスがどこにあるかを確かめて、動じないというか、カッとなって無謀な取引をしたり、悔しくて判断が鈍ったり、大勝ちして貪欲になりすぎたりしない取引量を見つけることが大切なんだと、つくづく身

## 1-2　あなたの損切り許容額はいくらですか

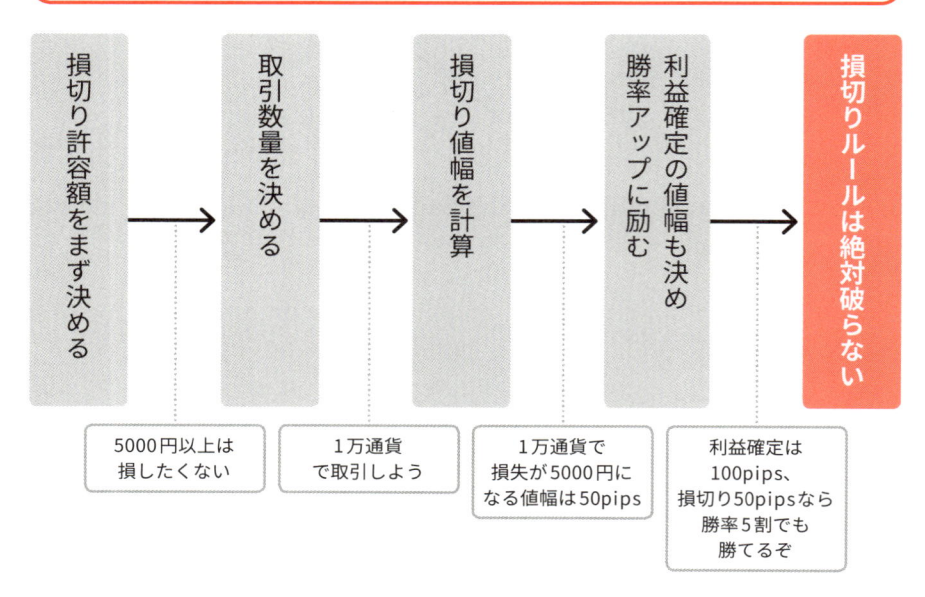

損切り許容額をまず決める → 取引数量を決める → 損切り値幅を計算 → 利益確定の値幅も決め勝率アップに励む → 損切りルールは絶対破らない

| 5000円以上は損したくない | 1万通貨で取引しよう | 1万通貨で損失が5000円になる値幅は50pips | 利益確定は100pips、損切り50pipsなら勝率5割でも勝てるぞ |

に沁みました。

　そのラインさえ見つかれば、あとは平常心で取引をするだけ。

　勝ってもおごらず、負けても落ち込まず、淡々と自分のプラン通りの取引を繰り返すことができれば、結局、FX取引は、「どちらの通貨が強いか弱いか」を見抜き、「上がるか下がるか」をイメージするだけ。

　少なくとも50％の確率で勝つことができるはずなんです（図1-2）。

　その確率を著しく低下させて破滅への道へ導く原動力になるのが、「もっと儲けたい」と思う自分自身の感情や欲望です。

　僕は欲望とプライドに支配されたせいで、普通の人間なら回復不能なぐらい、大負けしました。

　みなさんがそうならないことを祈っています。

## ◉ 相場の神様のもとでは万人が「能なし」

「死ぬまで思い出したくない」と考えてもおかしくないほどの大失敗があったからこそ、僕は今もFXを続けていられるのだと思います。

　FX取引に必要なのは、心だけでなく肉体レベルでもボコボコに殴られまくるような激しい自己否定の精神です。

「自分は賢い、自分は偉い、自分は正しい」というプライドは粉々に砕いてゴミ箱に捨てちゃってください。

「自分は無能な人間。自分がなんとかFXで稼がせてもらっているのはひとえに相場の神様のおかげ。相場の神様がいるから稼げているだけで、自分なんか、ほんと、才能のない能なし野郎」

　と、今も僕は自分自身に言い聞かせています。

　残念ながら信心深い人間ではありませんが、相場の神様だけは深く信じています。

　FXに限らず、投資はある意味、人格をとことん否定されるイヤな場所です。

　だから、すでに会社で出世されたとか公務員として長年真面目にやって

きたとか、人格が出来上がってしまった40代、50代の方が成功するのはなかなか大変な世界かもしれません。

　結局、よその世界ではどんなに偉くて成功した人でも、為替相場の中ではみな同じ。相場の神様のもとでは、万人が平等の「能なし」です。

　そういう意味では、まだ若いうちに大、大、大失敗できたのはその後の僕の人生にとってとてもいいことだったのかもしれません。

　大学時代に必死に株と塾のバイトで貯めた数千万円の大半は、100万ロットの暴走トレードで溶かしてしまいました。

　でも、FXなら少額資金でもかなり大きな金額の取引ができて、劇的に資産を増やすことができます。

「序章」でも書いたように、100万円を1年間で300万円に増やし、300万円を2年目で1000万円に増やし…と僕は資産を挽回していきました。

　大損体験のとき、顔中にできた赤い吹き出物は1、2年ほったらかしにしていましたが、3年目に漢方薬を飲んだら直ってきました。

　1つだけ、まだ吹き出物がアゴの裏側に残っていて、ヒゲを剃るときに苦労していますが、その吹き出物は、また大損をしないために相場の神様が残してくれた「警告」なのかもしれません。

　今は月利50-100%で生活費だけでなく、将来のビジネスに向けた資金もFXでコンスタントに稼げるようになりました。

　でも、それは顔中、吹き出物になって、血と汗と涙の結晶でもあった大切な資産の大半を失う大失敗体験があったからこそ。

　失敗して、ボコボコにされて、死ぬほど反省して、今の僕があります。

　この本をお読みの方には、そんな回り道をしてほしくない。

　だからこそ、大失敗のあと、快進撃を続けることができた野田式FXの手法を読者のみなさんに大公開していくことにします。

# 第2章

## 地味だけど超大切な FXの基礎

リスク・資金・メンタルの管理

# 知らないと120%大損コク！
# 技術以前に大切なこと

## ◉はじめはチリツモ感覚で取引量をコントロール

　無謀なFX取引で大切な資産を失い、ショックで顔中吹き出物だらけになりながら、その地獄から必死で挽回できた僕だからこそ、声を大にしていいたいことがあります。

「FXにおいて最も大切なのは資金管理、リスク管理、メンタルコントロール。これができないヤツは絶対に絶対に100%、いや120%、大損してしまう」

　という鬼の鉄則です。

　どんなに運がいい人間でも、トレード技術が天才的な人でも、自分のメンタルをきちんと制御して、資金管理を厳格に行わないと絶対に負けます。一時的には勝てるかもしれませんが、副業としてコンスタントに稼ぐのは無理だと断言できます。

「FXで必ず勝てる必勝法を教えてよ」

　という人も多いかと思いますが、急がば回れ。

　まずはFXトレードで大失敗しないための資金管理法、レバレッジや取引数量のコントロールを心と体に叩き込みましょう。

　とにかく、人間というのは欲張りなもので、FXで儲けると「もう十分だ」と満足するのではなく「チッ、もっと儲かったのに」とさらに儲けたいと不満に思う生き物です。

　感情や欲望に任せた取引をしていると、勝っている間は「もっと儲けたい」「1億円到達まで辞めない」と欲望がどんどんヒートアップします。

　考えることは「1万通貨の取引だったから1万円しか儲からなかったんだ。10万通貨だったら10万円儲かったのに…」という後悔ばかり。

　勝ち続けると気が大きくなって、どんどん取引数量が増えていき、トレー

ド回数も増えていきます。

　そのうち、判断が狂って、大きな含み損を抱えてしまいます。

「こんなはずじゃなかった」とナンピン取引を重ねて、最後には立ち直れないぐらい手ひどいダメージを受けて、FX市場から退場——。

　これがレバレッジをかけて元手以上の大きな投資金額を動かせるFXのリスクです。

**最も大切なのは、やはり、取引量のコントロール。**

　取引数量が多いと、

「1回の取引で資金が20％も増えた、やった！」

　というハイリターンが狙える一方、必ず、

「1回の取引で資金の大半を失った、もうダメだ」

　という破滅が待っています。

　取引量を小さくしておけば、

「1回の取引で得られる利益は少しだけど、コツコツやってチリツモ感覚で増やせた」

　という建設的な気持ちで、楽しみながら、余裕を持った取引ができます。

　たとえ、負けたとしても、

「資金的にはまだまだ余裕があるし、また次のチャンスを狙おう」

　という心の余裕も生まれます。

　長い目で見てどっちが勝つか、どっちが持続して続けられる副業の種になるかは明らかです。

## ◉ レバレッジを「悪魔の刃物」にしない取引上限は？

　レバレッジという「悪魔の刃物」を「天使の剣」に変えるためには、その仕組みを体と頭に染み込ませておく必要があります。

　自分の元手ではマックスでどれぐらいの取引ができるけど、どの程度の取引数量に抑えて安全運転すべき、という線引きをはっきりさせておくことが大切なんです。

多くのFX会社の最低取引量は**1万通貨**です。

1000通貨単位の取引ができるFX会社もありますが、月利10〜30%を目標にそれなりの副業収入を得たいなら、やっぱり1万通貨以上の取引が行えるぐらいの元手は用意したいものです。

1万通貨というと、おおざっぱにいって、英ポンド円だと取引総額150万円、ユーロ円だと130万円、ドル円だと110万円前後の取引になります。豪ドル円やNZドル円だと70〜80万円、ユーロドルだと130万円ぐらいの取引額です。

仮に1万通貨の取引額が100万円だとすると、元手30万円で取引できる最大取引量は「30万円×最大レバレッジ25倍=750万円」で約7万通貨、元手50万円で12万通貨、100万円で25万通貨になります（**図2-1**）。ただし、これはあくまで最大取引量です。

**「どんなにFXトレードに慣れた人でもレバレッジは10倍程度。間違っても最大取引量で売買してはいけない」**

**2-1 FXの最大取引量はいくらかを覚えておく**

**自分が取引できる上限は口座に入金している資金量によって決まる**

**1万通貨＝100万円の場合**

| 資金（円） | 最大取引量（万） |
| --- | --- |
| 300万 | 75 |
| 100万 | 25 |
| 50万 | 12 |
| 30万 | 7 |

> 自分の入金額は30万円だから最大で7万通貨売買できるな。でも、安全な取引量ってどれくらいなんだろう？？

＊最小取引量は、基本1万通貨から売買できる
＊必要証拠金は取引額の4%と定められているFX会社が多い。
　そのため、1ドル100円の時、必要証拠金は4万円になる

レバレッジ10倍以下の比較的安全な取引を目指す場合、元手30万円なら約3万通貨、元手50万円で約5万通貨と、元手が10万円増えるごとに1万通貨ずつ取引量を増やすのが目安になります。

まだ初心者の方はどんなに元手が豊富にあっても、まずは1万通貨という最小取引量で取引してください。

FXの世界で末永く生き残っていたいなら、レバレッジ10倍のときの取引量以下での売買に徹することを強く推奨します。

「取引量をもっと増やしていれば、もっと儲かっていたのに！」

という感情や欲望はアスリートにとっての禁止薬物みたいなもの。

FXやめますか、それともハイレバレッジやめますか！

ついつい熱くなって取引量が増えてきたら、地獄への一本道と考えてください。

## ◉ レバレッジの許容量を皮膚感覚で身に着ける

FX取引の肝（きも）になるレバレッジですが、自分の元手で何万通貨の取引をする場合、だいたいどれぐらい予想と反対方向に値動きすると資金が足りなくなるのかは皮膚感覚で覚えておくべきです（図2-2）。

例えば、1ドル100円のときに元手30万円でドル円を買った場合、

「最大取引量の7万通貨（レバレッジ23・3倍）の取引だと買ったレートより約29銭下がると資金が足りなくなる」、

「中間取引量の3万通貨（レバレッジ10倍）だと6円下がると資金不足に」、

「最小取引量の1万通貨（レバレッジ3・3倍）では26円下がると資金不足に」。

計算式は、以下のとおりです。

「証拠金（自分の元手）÷売買数量（万通貨）」−「売買したときの為替レート÷25（倍）」＝許容できる値動き

この計算式を覚えておく必要はないですが、FX会社の口座内には取引に必要な証拠金の額が表示されています。

　含み損が拡大して目減りした元手が、必要証拠金の額を下回ってしまうと強制ロスカットされてしまうので注意してください。

## ◉ 証拠金維持率で管理するほうが簡単

　FX口座の資産評価欄を見ると、あなたが入金した証拠金から、取引によって生じた損益を差し引いた純資産が、取引に必要な証拠金の何パーセントに相当するかが「証拠金維持率」という数値で表示されています。

　この証拠金維持率が100%以下になってしまうと、翌営業日以降までに再び100%以上になるように追加証拠金を入金しないといけません。

　もし、入金しないと、そのポジションは翌営業日以降に強制決済されてしまいます。

---

**2-2　1ドル100円のとき、資金30万円でドル円を買った場合**

- **最大取引量：7万通貨** → 買った価格より**約30銭**下がると資金が足りなくなる
- **中間取引量：3万通貨** → 買った価格より**約6円**下がると資金が足りなくなる
- **最小取引量：1万通貨** → 買った価格より**約26円**下がると資金が足りなくなる

※左記の数値は証拠金維持率が0%になる数値。実際は証拠金維持率100%を切ると追証発生になることが多い。つまり、左記の「最小取引量」の場合、約22円下がった時点で強制ロスカットの危機にさらされる。

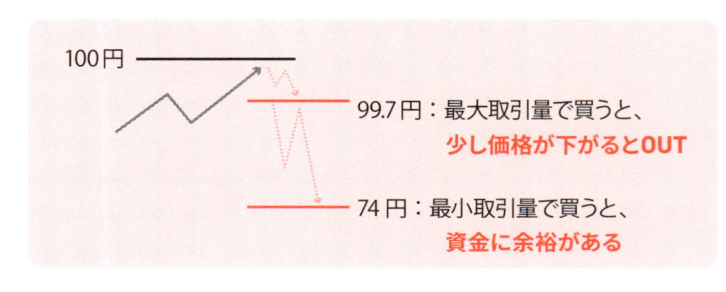

100円

99.7円：最大取引量で買うと、**少し価格が下がるとOUT**

74円：最小取引量で買うと、**資金に余裕がある**

さらに相場が急変して証拠金維持率が50％以下などになると、有無を
いわさず、即座に保有ポジションが強制決済されてしまいます。

「強制ロスカット」とか「マージンコール」と呼ばれる非常事態を回避す
る意味では、この「証拠金維持率」に注目しているほうが、レバレッジ倍
率でリスクを考えるより、よりシンプルでわかりやすいといえます。

　そのルールは、

**「証拠金維持率は絶対、100％以上をキープしていないといけない」**

というもの。

　取引する通貨量にもよりますが、**200〜300％以下になると危険水域**
と考えてください。

　たとえば、資金が30万円あって必要証拠金が4万円なら証拠金維持率
は750％で安全圏です。

　しかし、取引の結果、20万円の含み損が発生すると純資産は10万円に
目減りしてしまうので、証拠金維持率は「10万円÷必要証拠金4万円」
で250％に低下。

　かなり危険な取引になります。

## ◉ 証拠金維持率を使ったリスク管理法

　証拠金維持率がどれぐらいなら安全で、どれぐらいまで下がるとリスク
が高いのかも、なんとなく覚えておきましょう（**図2-3**）。

　必要証拠金に対する証拠金維持率の最大値は2500％で、このときのレ
バレッジ倍率は1倍になります。

　レバレッジ1倍というのは、自己資金の枠内で取引が行われているとい
うことです。

　たとえば、1ドル100円のときに100万円の自己資金でドル円を1万ロッ
ト取引していれば、レバレッジは1倍で証拠金維持率は2500％になります。

　この場合、もし仮に1ドルが0円になっても、元手が0円になるだけで、
追加の損失は発生しません。

いわば究極に安全な取引といえますが、せっかくレバレッジを効かせて自己資金以上の取引ができるのに、レバ1倍では資金効率が悪くなるのでオススメしません。

反対に、非常事態といえるのが証拠金維持率が100%を下回ったとき。維持率100%というと、まだ100%だし、大丈夫そうな印象がありますが、こと、証拠金維持率に関しては100%を下回るのは完全に危ない状況です。

というのも、最低限これだけは必要と法律で定められた必要証拠金と同じ金額（＝100%）しか、もう証拠金がないわけですから。そこから一銭でも証拠金が目減りしてしまうと、悪名高き「追証発生」になってしまうからです。

先ほども見たように、証拠金維持率が50%を切ると、たいていのFX会社は、強制的に保有ポジションを即時にロスカットしてしまいます。

それは、なにも意地悪でやっているわけではなく、自己資金以上の損失が発生しないためのセーフティネットのようなものです。

## 2-3 証拠金維持率でリスクを管理する方法

| 証拠金維持率 | レバレッジ | |
|---|---|---|
| 2,500% | レバレッジ1倍 | |
| 1,250% | レバレッジ2倍 | |
| 500% | レバレッジ5倍 | |
| **250%** | **レバレッジ10倍** | |
| 100%<br>（を下回る） | レバレッジ25倍 | 追証発生 |
| 50%<br>（を下回る） | レバレッジ50倍 | ロスカット発生 |

＊追証：証拠金維持率100%を下回ると、不足資金を期日までに入金しなければならない
＊ロスカット：証拠金維持率100%を下回った時点で、強制決済される
＊日本の個人口座の最大レバレッジは25倍まで

**最低でも証拠金維持率250%を下回らないような取引量にする**

**維持率が50%を切ってFX会社に強制ロスカットされてしまうような状況は最低最悪の負け**、と考えましょう。

　「レバレッジは10倍以下に抑えて取引すべき」と繰り返し言ってきましたが、それは最悪でも、証拠金維持率が250％を下回らないような取引を心がける、ということです。

　たとえば、ドル円のレートが100円のとき、1万ロットの買い取引に必要な証拠金は4万円になります。

　元手が20万円の場合、取引当初の証拠金維持率は純資産20万円÷必要証拠金4万円で500％です。

　しかし、ドル円が90円まで10円値下がりして含み損が10万円になると、純資産の時価評価額は10万円に目減りしてしまうので、証拠金維持率は10万円÷4万円×100％で250％まで低下します。

　わざわざ自分で計算しなくてもFX会社の資産評価画面には、為替レートの変動に応じて、リアルタイムの証拠金維持率が表示されます。

　その維持率が250％を下回ったらやばい！　と考えるようにしましょう。100％台まで低下したら、もう完全な非常事態で、どんなにつらくても、損切りを考えるべきです。

## ⊙ FXにボコられないための資金管理ドリル

　初心者の方には難しいFXの資産管理ですが、負けないトレードを続けるためには避けて通れない道です。

　そこで、次の見開きページに資産管理の基礎となるドリルを掲載しました。左ページの問題を計算機を使って解いてみて、右ページの答えと照らし合わせてみてください。

　ちなみに、「この問題を暗算できるようになれ」という話ではありません。目安くらいはつけるようになれ、ということです。証拠金維持率や実効レバレッジはFX会社が自動計算してくれますが、自力でもなんとなく計算できるようになれば、無謀な取引を防止できるはずです。

# 資金管理ドリル

計算機を使って、以下の空欄に数字や文字を入れてください。

**❶** 1ポンド150円のとき、ポンド円を3万通貨買うと取引総額は（　）万円で、1円の値動きで損益は（　）万円のプラスマイナスです。

**❷** 豪ドル円を1豪ドル80円で4万通貨売りました。1豪ドル81円50銭になると（　）万円の含み（　）、77円25銭だと（　）万円の含み（　）です。

**❸** 証拠金20万円でドル円を110円で4万通貨買いました。ロスカットルールなしの場合、1ドル（　）円になると証拠金がゼロになります。

**❹** ドル円が120円のときに1万、2万、3万、4万、5万通貨の取引をする場合、必要な証拠金はそれぞれ何万円ですか?

**❺** 証拠金30万円で1豪ドル75円のとき、5万通貨売りました。証拠金が取引維持に必要な最低レベルになるのは1豪ドル約（　）円まで上昇したときです。

**❻** 証拠金20万円で1ドル100円のとき、ドル円を3万通貨買いました。当初のレバレッジは（　）倍で、証拠金維持率は約（　）％です。

**❼** 証拠金30万円でドル円を110円で4万通貨買ったあと、108円50銭になるとレバレッジは約（　）倍、証拠金維持率は約（　）％になります。

①**450、3** n万通貨ならn×その時のレートが取引総額、1円の値動きでn万円の損益、50銭ならその半分、という具合に覚えましょう。

②**6、損、11、益** 売りのときはレート上昇で損失、下落で利益に。値動きしたレート×取引通貨量が損益になります。

③**105** 4万通貨の売買で損失が証拠金20万円を越えるのは、20万÷4万=5円、予想と反対に値動きしたときです。

④**4.8、9.6、14.4、19.2、24** 元手の25倍まで投資できるといわれるFXですが、それは「1÷25（％）」で「投資総額の4％の証拠金が必要」ということを意味します。1ドル120円のときの投資総額は1万通貨で120万円。その4％なので4.8万円の証拠金が最低でも必要になります。2万通貨以降も同様に計算できます。4％という数字は覚えておきましょう。

⑤**78** 1豪ドル75円×5万通貨で取引総額は375万円。必要証拠金は、その4％で15万円。5万通貨だと3円の値動きで15万円の損益。この取引は売りなので75円+3円=78円になると最低レベルになります。

⑥**15、167** 取引総額÷証拠金＝レバレッジ倍率なので300万円÷20万円で15倍、300万円の取引総額に必要な証拠金はその4％なので12万円、20万円÷12万円=1.666…で証拠金維持率は約167％になります。

⑦**18.3、136** 取引総額は440万円で必要証拠金はその4％の17.6万円。108円50銭に下がると損失6万円で証拠金は24万円に目減りしているので、440万円÷24万円でレバレッジは約18.3倍、24万円÷必要証拠金17.6万円=1.36で、維持率は約136％に。

# メンタルコントロール
# なくして勝利なし

## ◉ いざトレード！FXで負ける人はこういう人

　確率論的に「50:50」で上がるか下がるかを予想するだけなのに、結局、FXで負けてしまう投資家が多いのは、しっかりしたリスクコントロールやメンタル管理を行えていないからです。

　その部分をすっ飛ばして、いくらトレード技法を学んでも絶対にうまくいかない、というのが僕の考え方なので、このように、リスク管理の章を最初に持ってきました。

　FXの取引でボコボコにされて、中指骨折3回、モニタ5台破壊という破滅体験がある僕だからこそ、FXで負けてしまう人がどんな傾向の人か、わかります。それは、

**「自己否定できない人」、「なんでも他人のせいにする人」**

です。FXでも株式投資でもみな同じだと思いますが、「絶対に儲かる」とか「1度も負けないでずっと勝ち続ける」なんてことはありえません。

　試験勉強なら、小中高とずっとオール100点でクラスで一番で東大合格、といったエリートコースも可能かもしれませんが、答えがあるお勉強と答えのないFXトレードは根本的にまったく違います。

　40、50代で、会社員や公務員としてすでに成功されている方に特に多いのですが、社会的に見て立派な地位にいる人ほど、FXの取引に失敗しても「自分が間違っていた」と認めることができない人が多いように思えます。

　そういう自信満々な人ほど、逆に、FXトレードで失敗してしまう傾向が強いように思います。

　失敗したと思ったら、

「自分が間違いでした。この取引はダメでした」

と、コロリと態度を改め（つまりは損切りして）、また新たな気分でチャンスを探すような柔軟な考え方の持ち主でないと、答えのないFXの世界では"負け組"になります。

　FXトレードは、

「努力すれば必ず報われる」「勉強すれば必ず100点満点がとれる」

　といった世界ではありません。

　為替レートがどう動くか、事前に100%確実にわかるはずはないんです。もし、わかっていたら、誰もがすぐに億万長者になれちゃうでしょう。

　一所懸命、予想しても、ハズれてしまうことは日常茶飯事。

　そんなとき、いちいち、

「自分は絶対正しい。間違っているのは為替相場のほうだ」

　なんて開き直っていたら、勝てるものも勝てません。

**変なプライドや自尊心はゴミ箱に捨てましょう。**

「間違ってばかりいるのは自分のほう。相場の神様のほうが断然正しい」

　と、自己否定できる人間じゃないと、客観的で冷静な目で為替レートの未来の値動をイメージなんてできないのです。

　為替相場にとって、僕たち個人の人生観や社会的な地位なんて、はっきりいって、どーでもいいことです。

「自分は圧倒的な弱者で、相場の神様のおかけでありがたくもお金儲けができている（合掌）」

　FX教の信者になるぐらいの気持ちがないと稼げませんよ、ほんと。


## ⊕ トレードに必勝法は求めない

　FXで負ける人のもう1つの特徴は、

「この手法さえやっていれば100%勝てる」

　という必勝法なるものが"ある！"と信じている人たちです。

　断言しますが、FXに100%勝てる必勝法はありません。

　月利50〜100%稼いでいる僕でも、マイナス数%程度の失敗トレード

なんかは、日常茶飯事のように毎月、繰り返します。

すべての取引で必ず勝っているわけではなく、負けは素直に負けと認めたうえで、必死に勝率管理や損益管理（利益はなるべく伸ばして損失は極力抑える）しているからこそ、なんとかつじつまを合わせて月利20％以上の成績を残せるようになったのです。

必勝法を探している人って、結局、自分は何も考えずに他人頼みというか、「これさえやっておけば安心、大丈夫」という保証がないと何もできない人なんですね。

確かに、今の相場にあったトレード手法だったり、コンスタントに利益を上げる可能性が高い方法はありますが、あくまで、それは「ちょっと優れているだけ」「今は通用しているだけ」のもので、未来永劫通用するようなトレード手法はありません。

トレード手法よりも、

**「値動きイメージがハズれたときにどこで損切りするか」**
**「値動きイメージが当たったとき、どこまで利益確定を我慢するか」**

といったリスクとリターンの管理を徹底するほうが、実はよほど重要なんです。

「今は為替レートがどっちに行くかわからない」

と自信が持てないときは、

「未来の値動きにイメージが持てないから、ここは様子見しよう」

と勇気をもって決断することも大切です。

いわゆる「休むも相場」というやつですが、なかなか、実践できません。

勝てば勝ったでどんどん取引量が増えて、最後は予想が大きくハズれて大損してしまう「コツコツ稼いでドカンと負ける」タイプ。

損切りは徹底して行うものの、せっかくのチャンス到来でも利益を失うのが怖くてすぐに決済してしまい、大儲けができない「損切り貧乏」タイプ。

負けが込んで追いつめられた挙句、一発逆転を狙った取引でトドメを刺されてしまう「じり貧・自爆」タイプ。

FXを始めてはみたけれど、負けるのが死ぬほど怖くて、結局、まった

く取引せずに終わってしまう「臆病・機会損失」タイプ、などなど。

FXにボコボコに叩きのめされ、一時は「死線をさまよった」（笑）僕だからいえることですが、FXで成功できない人のタイプは実にさまざま。

では、どんな人が成功できるかというと、手法うんぬんというより、冷静な目で自分自身の欲望や感情を客観視できて、なおかつ、今起こっているFXの値動きに対して、先入観なく、柔軟で俊敏な対応ができる、好奇心旺盛な人！　ってことになるんでしょう、きっと。

## ◉ トレードは予想することではない

「FXは予想することではない」

というと、「FXって未来の値動きを当てるのが目的なのに、予想しないで勝てるわけないだろう」と思われる方も多いかもしれません。

僕は自分の中で、「予想」といった言葉は使わないようにしています。「予想」はただそうなればいいなあ、という願望でしかないからです。FXは願望どおりになんか動いてくれません。

FXで利益を得るためには値動きの法則性を利用して、「安く買って高く売る」、もしくは「高く売って安く買う」のいずれかしかありません。

そのためには、「この通貨ペアは上がりそうだから買う」「下がりそうだから売る」という値動きをイメージすることが絶対に必要になります。

ただし、「今、為替レートは上昇しているけど、どこまで上がるか」をピンポイントで当てる必要はありません。

為替レートが上昇し続ける限り、買いポジションをホールドしていれば利益は伸びますし、含み益がある状態ならいつ決済しても利益が出ます。下がり始めたら売り決済すればいいだけです。

それが損切りだろうが、利益確定になろうが、「今後、下がり始めそうだ」というイメージが確かなものだと思ったら、儲かっていようが損していようが、損益とは関係なく決済すべきです。

為替レートがどこまで上がるか下がるか、相場の天井や大底、値動きの

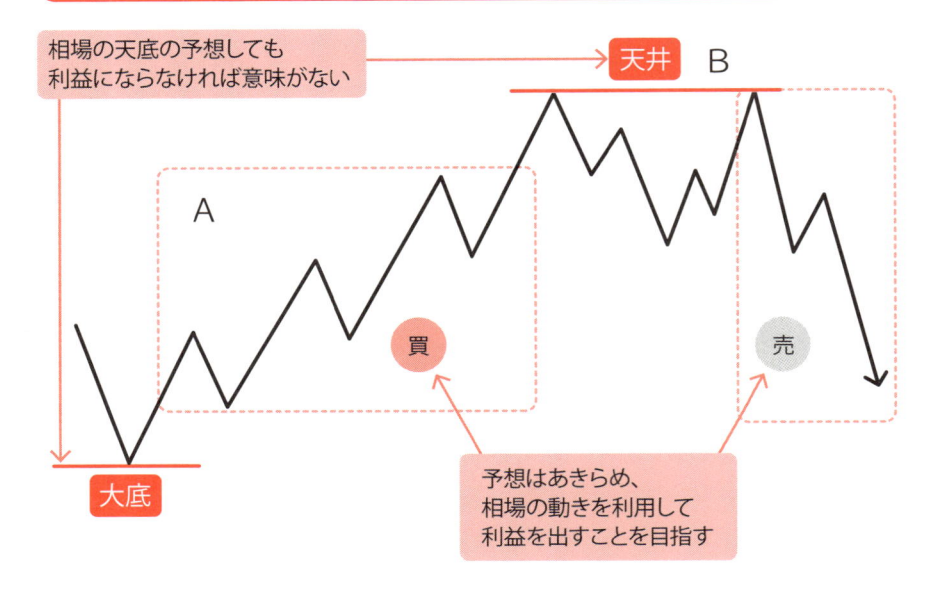

山と谷をピンポイントで当てるなんて、相場の神様にしかできないことです。たとえ、相場の天底をぴったり予想できたとしても、そのとき、ポジションを持っていて利益が出ていなければ意味がないのです。

## ◎ 値動きイメージのシナリオを複数立てる

とにかく、予想はしない。

為替レートの過去の値動きを示したチャートを見て、**現在の為替レートがどういう流れでここまで動いてきたのかを現状把握**する。

現状をしっかり観察したうえで、「じゃあ、現在までの流れが今後も続いたらどうか」「現在の流れから別の流れが生まれる可能性があるか」、**いくつかのシナリオを立てて値動きをイメージ**する。

そして、そのシナリオの中で、

「現状の値動きからすると、今後はこういった値動きになる可能性が高そ

うだ」という**確信が持てれば、実際に取引**して、イメージと違ったら損切り、イメージに近い値動きだったら利益確定や利益をさらに伸ばすことを考えていく——。

　これが、野田式FXのトレードスタイルです。

　たとえば、**図2-4**のように上昇が続いたあと、天井となる高値をつけて下落方向に、為替レートの値動きが転換したとしましょう。

　図のAのゾーンのように上下動しながら上昇が続いている間は、買いで勝負すべき場面です。

　ただし、その場合もどこまで上がるかなんて誰にもわかりませんから、ここまで下がったら損切りもしくは利益確定の逆指値、といった下値の決済ポイントを事前に決めつつ、まだ上昇が続きそうだったらポジションをホールドし続ける形になります。図のBの高値が実際に相場の天井かどうかは、そのときには絶対にわかりません。振り返って初めてわかることです。

　上昇が続いて高値をつけたあと、その高値を何度か越えようとしても越えられない、という状況が続いたあと、為替レートが急落したら、

「もしかして、さっきの高値は相場の天井なのかもしれない。だったらこれまでの上昇トレンドが終焉した可能性もある。下降トレンド入りの初動段階に乗れたら大きな利益になりそうだから、売りで勝負してみるシナリオもあるな」とイメージして、打診売りを入れてみるのもいいでしょう。

　ただし、その場合も「絶対に下がる」とは誰も言えません。

①現在の為替レートの状況を正確に把握したうえで、今後の値動きのシナリオを複数立てる。

②その中から、「このシナリオが一番、確かかもしれない」という値動きイメージに、勇気とお金を出してとりあえず乗ってみる。

③結果が正しければ、より利益を伸ばせるように決済ポイントを動かす。

④結果が間違っていれば、問答無用に損切りする。

⑤損益にかかわらず「どこがよかったのか」「どこが悪かったのか」を自分なりに復習して、気分を切り替えて新たなチャンスを待つ。

というプロセスを、淡々とこなす以外、FXで勝ち続ける方法なんてあり

ません。未来のことなんて、100％確実にわからない。だからこそ、感情や欲望に振り回されず、冷静で客観的な判断ができるための**機械的な意思決定シナリオ**を作っておくことが大切なのです（図2-5）。

## ◉ 初心者は逆張りに走りがち。トレンドを見失うな

　為替レートの値動きには「**トレンド**」という大きな流れがあって、その流れに逆らうよりもその流れに乗っかるほうが儲かる確率が高くなります。

　僕は数日から数週間の取引（スイングトレード）で儲けていくタイプですが、やはり、数ヵ月とか1年以上にわたる大きな流れの中で為替レートが上がっているのか下がっているのかは必ずチェックします。

　長期的な上昇トレンドが続いているときは、短期間のスイング取引でも売りより買いのほうが儲かる確率は高くなります。

　下降トレンドでは売りのほうが買いより安心して取引できます。

とはいえ、我々人間は、日頃の買い物やネットショッピング、ネットオークションのせいで、

「できるだけ安く買う」

「なるべく高い買い物はしない」

という意識が骨の髄まで染みついてしまっています。

　そのため、FX初心者の方が犯しやすい一番の失敗は、大きな流れで見ると、強い下降トレンドが続いているにもかかわらず、

「安いからお買い得なので買い」

　と、値ごろ感だけで買ってしまったり、急激な上昇が続いているのに、

「上がり過ぎだから売り」

と流れに逆らった売りを入れてしまうことです。

　下がっているものを買う、上がっているものを売る投資スタイルは「逆張り」と呼ばれます。

「大きな流れは逆だけど一時的に反対方向に動く」

　という明確な値動きイメージのもと、ここまで値動きイメージがハズれたら損切りというラインを厳格に守って逆張りするのは、決して間違いではありません。

　ただ、なんとなく「上がり過ぎだから売り、下がり過ぎだから買い」と、大きな流れに逆らって逆張りすると痛い目にあいます。

　まずは自分が取引している現状をより高見に立って冷静に見渡してみて、「自分は為替相場の大きな流れに従って取引しているのか、それとも、流れに逆らった取引をしているのか」を自問自答することが、トレード技術の向上には欠かせません。

　上なのか下なのか、どっちに行くのかわらない乱高下が続いているような「ややこしい局面」で取引していないか、といったことも意識しましょう。ややこしい状況では「休むも相場」が一番です。

# ◉ 順張りトレンドフォローが基本

逆張りの反対は「**順張り**」や「**トレンドフォロー**」と呼ばれ、大きな流れを把握したうえで、その流れに沿った売買を心がけることをいいます。

自分は今どういう状況で売買しているのかを把握することがとても大切です。

たとえば、**図2-6**は実際の為替レートの値動きを記録した「**チャート**」ですが、A〜Dのそれぞれの局面って、上昇・下降・横ばいトレンドのうちのどれでしょうか？　順張りで勝負するなら、売買戦略は①買い、②売り、③様子見のどれでしょう？

おそらく多くの人が正解だったと思いますが、これで「FXって簡単そう」と思わないでください。簡単なのは、過去のチャートだからです。いざ、現在進行形の相場にいると、自分がどのトレンドにいるのか、っていうのは本当にわからないもの。順張りトレンドフォローだって難しいのです。

## 2-6　チャートを見てトレンド判断する方法

A〜Dのトレンドは何？　売買戦略は
①買い、②売り、③様子見のどれ？

答え　A. 横ばい　③様子見　B. 下落　②売り
C. 上昇　①買い　D. 横ばい　③様子見

## ⊙ 相場を「マッピング」することが大切

為替相場の中に流れている大きな流れを意識するためには、これまでの値動きをセグメントに分けて「ここでは全体として上がっている」「ここは全体として下がっている」「ここは全体として上がったり下がったりレンジ相場で推移している」というように相場の大きな方向性を把握していくことが必要です。

僕はその作業を「マッピング」と呼んでいます。

そして、このマッピングに使うのが、本書最大のテーマであるラインを使った過去の値動き分析です。

これまでの為替レートの値動きを見ると、「この流れだったら、いくらなんでもこの方向には動かないな」と思われるゾーンが出てきます。そういう方向性を捨てて、進む道を限定できれば、今後の為替レートのイメージやシナリオを立てるうえでも役立ちます。

さらに、「現状の大きな流れが続く限り、為替レートはこの方向に進む可能性が高いな」と為替レートの進行方向を限定することができれば、実際の売買判断にも役立ちます。

「この流れが続くなら、この方向に進む」ということがわかっていれば、その流れに乗って比較的簡単に儲けることができます。

逆に、為替レートが大きな流れが示す方向性からハズれてしまったときは、「あっ、流れが変わったな。今の売買判断を続けていると危ないかもしれないな」という警告にもなります。

FXの値動きを、アリとかコオロギとか、どんな動きをするかまったくわからない昆虫にたとえるとわかりやすいかもしれません。

昆虫がこれまで動いてきたところと動いてこなかった境目にラインを引くことで、今後動きそうな方向性を限定して囲い込むことができます。

逆に限定したところからはみ出すような動きをしたら「あれ、おかしいぞ」と気づくこともできます。

これまで通りの動きをするなら、その方向性に乗った取引、これまでと

違った動きをしたときは少し様子を見て、新たな動きに乗った取引を行うことができるようになるわけです。

　たとえば、図2-7に何も記入していないチャートと、そこにいろいろラインを書き込んだチャートを並べました。

　図のように、**チャート上にいろいろなラインを書き込んで、値動きの方向性を囲い込む作業がマッピング**なんです。

## ◉ 致命傷を避け、爆益を生むトレードプラン

　トレードはただ買ったり売ったりすることで終わりではありません。

　勝てるトレーダーは、事前にプランを立てて、売買したあとも現状がどうなっているかを確認します。負けるトレーダーは行き当たりばったりの売買を繰り返してしまいます。これでは再現性は得られません。

　たとえば、「為替レートが今後上がるな」と買いで勝負したら、予想が

**2-7　チャートにラインを引いてマッピングする方法**

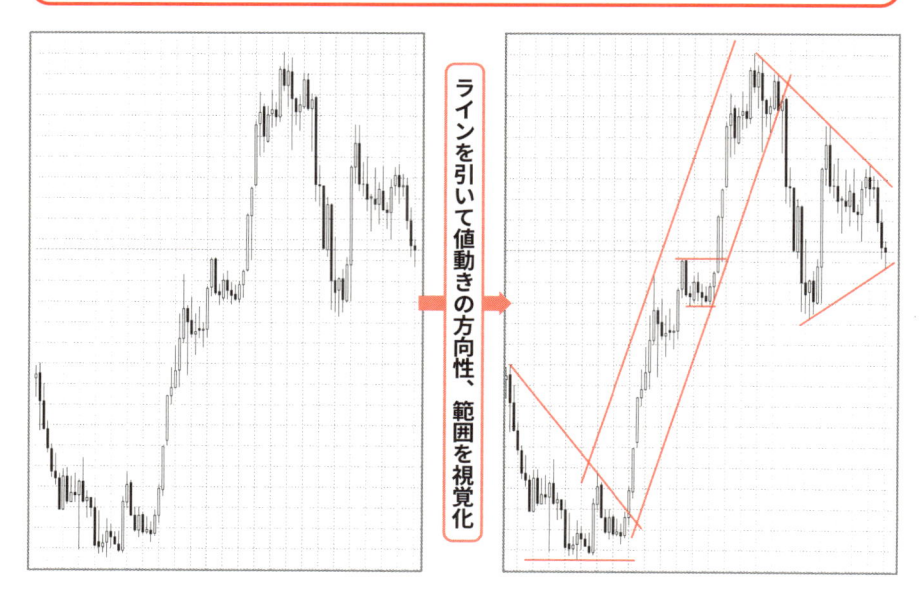

ラインを引いて値動きの方向性、範囲を視覚化

当たって儲かっていたとき、「まだまだ上がる、このまま保有しておこう」とか「かなり儲かったりから、もう利益確定しちゃおう」とか、フィーリングで決めてしまうと悔しい思いをすることになります。

　欲張って保有し続けた結果、為替レートが下がってしまって、せっかくの利益が半分になってしまった…。逆に焦って利益確定してしまったら、まだまだ上昇が続いて儲け損ねてしまった…。

「儲けが吹っ飛んだ」「儲け損なった」、というのは、どちらもすごく悔しいことで、その悔しさに任せて感情的なトレードに走ってしまうと、必ず失敗します。FXのトレードには、悔しさや怒りなど「感情」のせいで大失敗してしまう落とし穴が、いたるところに掘られています。

　感情に翻弄（ほんろう）されていて行き当たりばったりのトレードをしていたら、いずれは負けてしまいます。

　だからこそ、**感情や欲望を抑え込むための「トレードプラン」が必要**です。自分が買ったレートよりも順調に上昇してきたら、

「A　さらに上昇して、過去の高値を越えてきたら、まだ保有して利益を伸ばそう」

「B　上昇から下落に転じて、過去の安値を割り込むような動きになったら決済してしまおう」

　と、**たえず2通りのシナリオを用意して、どっちに転んでも、自分がダメージを追わないように用意周到に準備**しておく。

　勝てるトレーダーは、新規エントリーでも利益確定や損切りといったエグジットでも、しっかり事前にプランを立てて、その後も為替相場を冷静に客観的に観察して、値動き状況に応じてプランを随時変更していきます。

　負けるトレーダーは、売買前後のプランがなく、行き当たりばったりの売買を繰り返すことが多いのです。

　とにかく、FXトレードは、治安の悪い外国の街を夜な夜な出歩くようなもので、いたるところにリスクが待ち構えています。でも、それを怖がっているだけじゃ、楽しめませんし、儲けることもできません。

　しっかりしたトレードプランを立てて、致命傷を負わないようにしなが

ら、稼げるところではガッツリ稼いでいくべきなんです。

## ◉ 部分的に負けてもトータルで勝てばよい

FXトレードの落とし穴は感情や欲望に支配されて、行き当たりばったりのトレードをすることで生まれます。

どうして感情的になってしまうか、というと、それはギャンブルと同じでお金が絡んでいるからです。

「お金が人を狂わせる」とよくいわれますが、FXトレードをしていると、「なるほど、本当にお金って人間を狂わせるんだな」ってことがよくわかりますよ。感情や欲望、直感や感性だけに頼った取引を克服しない限り、FXを副業にすることはできません。

一時的に儲かることはあっても、欲張りすぎて大損するまで続けてしまうようでは、毎月コンスタントに月利収入を得るような職業にはならないからです。

「再現性」——本当に、これがとっても大切です。

毎月、勝ったり負けたりしながら、最終的に利益が損失を上回って、何ヵ月取引し続けても、ずっと損益がプラスで儲け続けることができるためには、勝つトレード、勝ち続けるトレードを何度も繰り返す必要があります。その反復が「再現性」です。

そのためには、取引で生じる利益だけでなく、損失についてもしっかり考えておくべきです。

負けるトレーダーというのは、1回の取引で生じる損益に固執しがちです。「損していることを認めたくない」という理由から損切りできない人は、その典型例といえるでしょう。

勝てるトレーダーは、1回の勝ち負けにはあまり執着しません。「ここは損切りしたほうがいい」という場面ではスッパリ損切りして、あっさり負けを認め、気分を切り替えて、次の勝負で勝とうとします。

間違った判断を引きずらないので、心はいつも晴れやか、というか、リ

フレッシュした冷静な目でいつも相場の流れを読むことができます。

　負けるトレーダーは「1回の取引で大勝ち」を目指します。

　たとえば、1回の取引で資産を20%ずつ増やすことができたら、4回目には資産倍増に成功します。

　でも、そういうカネ勘定に溺れて、無謀な取引をしてしまうのが、かつての僕のような負け組トレーダーなんです。

　勝つトレーダーは、

「FXでは当然負けることもあるから1回の取引量は抑えておこう」

　と欲張りません。だから、負けが連続しても精神的にも資金面でも余裕を持った取引ができます。

　FXでは再現性が重要といいましたが、それは取引量についてもいえることです。

　よく初心者の方は「私、損切りができないんです」と言いますが、損切りができない人は、レバレッジをかけて自己資金以上の取引をするFXはやらないほうがいいです。

　どんなに熟練したトレーダーでも値動きイメージがハズれることがあります。彼らが優秀な理由は、イメージが100発100中、必ず当たるからではありません。**100発のうち、50発は当たらなくても、値動きイメージがハズれたときに大きく負けない技術**を持っているからです。

　結局、最も大切なことは

**「トータルで勝てればOK」**

ということ。

「10万円儲かった、次もガンガンいくぞ」と取引量を多めにしたら今度は「15万円も損した、次は絶対取り返すぞ」とさらに取引量が大きくなり…といったやり方を続ける限り、勝てません。

「8万円も儲かった、順調だな」と少し喜ぶこともあれば、「想定通りの値動きにならなかったから損切り。3万円の損失で済んだ」と反省することもあって、結果的にトータルで勝てていれば十分、という境地に達することがFXで成功するための第一歩。

「利益が出ていれば、上出来、上出来」といった感覚でいるほうが無理のない再現性の高いトレードを続けることができるんです。

## ◉ トレードの反省をできる人だけが勝てる

FXは「勉強すれば必ず勝てるもの」「努力すれば絶対報われる」ものではありません。

だからといって、山勘や直感だけでも絶対勝てません。

まるで禅問答のようですが、1ついえるのは、

「FXは勉強や努力だけで勝てるものではないが、**勉強して努力すれば少しは勝てる**」

ということです。FXの取引は悔しいことやつらいことも多くて、「こりゃもう修行だな」とつくづく思います。

でも、FXが死ぬほどつらく、苦しいものになったのは、結局、自分の欲望や感情に任せた取引をしてしまったせい、自業自得です。

そう考えると、「FXがうまくなるって、自分自身の心を鍛えたり強くしたり高めたりすることなんだな」という気持ちも起こります。

**FXは自己鍛錬、自己修行の場**でもあるわけです。

「自分はトレンドに従った取引をしているか」「取引量は適切か」「損切りはきちんとできているか」

など、取引の見直しや復習は結構、面倒ですが、それを怠ると結局、何1つ技術は身に着きません。

FXを「勉強して努力すれば儲かるもの」に変えましょう。そのために重要なのは、**取引を終えたあと必ず復習する**ことです。

取引が損切りで終わってしまったら、「次、取り戻すぞ」とすぐにまたトレードを再開するのではなく、

「何が失敗の原因だったのか」「戦略が合わなかったのか」「取引量が大きすぎたのか」「事前のプランが間違っていたのか」

一歩立ち止まって復習して反省して、失敗から教訓を見つけて、その教

訓を忘れないようにしていると、自然と大負けはしなくなります。

# ◉ アレもコレもではなく、1つのスキルを磨く

　FXのトレード手法やスキルはさまざまですが、いろいろ目移りせずに、1つの技法に集中してとことん突き詰め、自分のものにすることも大切です。

　たとえば自分のトレードを復習した結果、
「最近の自分は利益をそこそこ出せるようになったけど、結局、損失が大きくなって負けやすい傾向があるから損切りを徹底しよう」
　という課題が見つかったら、損切りのやり方を徹底的に突き詰めることでトータルの成績がプラスになるよう、課題克服すべきです。

　そのためには、「損切りなら損切り」「順張りなら順張り」「勝率なら勝率」など、まずは1つのことをある程度のレベルまでできるように一所懸命、練習することが勝利への最短の近道といえるでしょう。

　**1つのスキルをとことん磨けば、**それだけでも十分、FXで稼ぐことができます。

　何度もいいますが、FXにはこれが100％正解という答えはないですが、優位性のあるトレード方法や相場状況の分析方法はあるものです。

　自分にあった手法を見つけたら、
「この手法はどんな状況に強いか。確率論的にいうとどれぐらいの勝率が残せて、さらに勝つ確率を上げるにはどうすればいいか」
　を深く掘り下げましょう。

　たくさんのよくわからない手法より、1つだけ、
「これは究めた」
と自信を持っていえる手法を持つことが大切なのです（図2-8）。

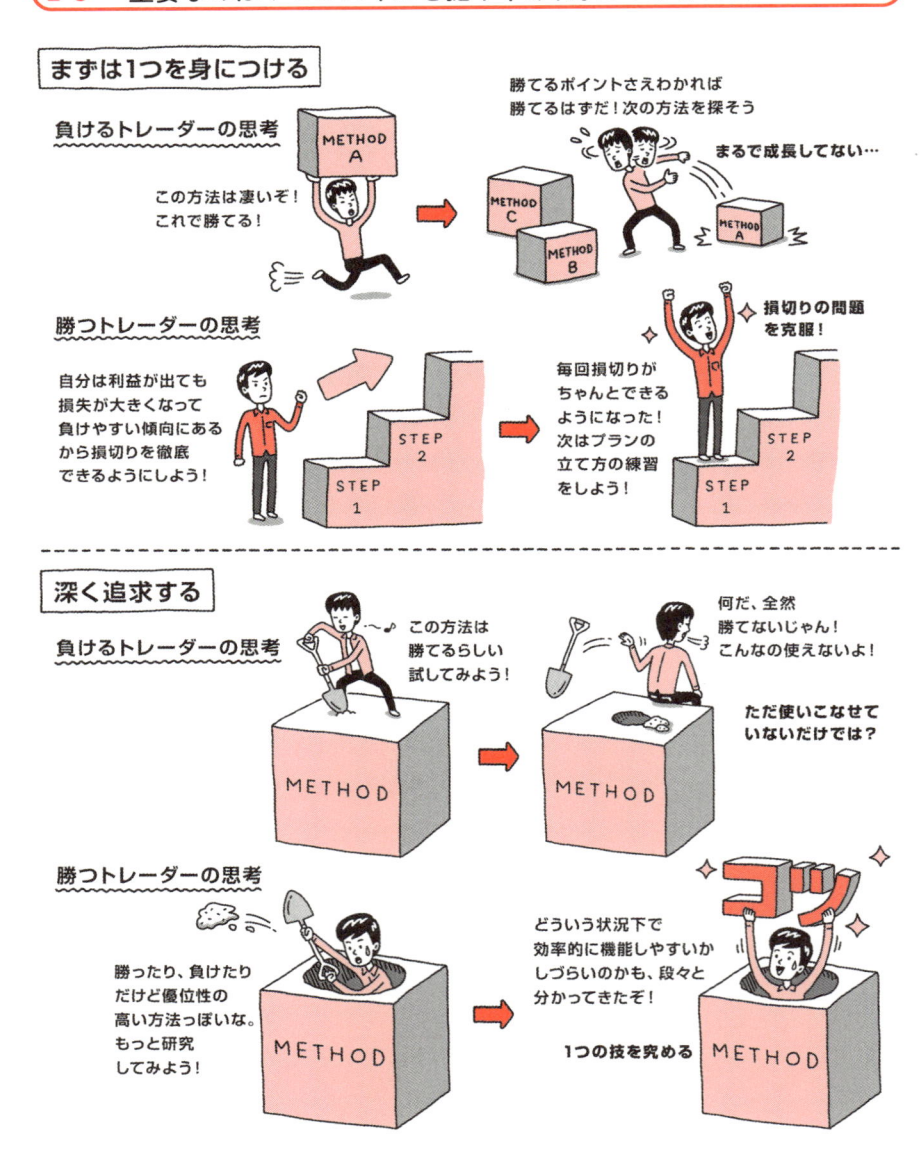

まずは1つを身につける

負けるトレーダーの思考

METHOD A

この方法は凄いぞ！
これで勝てる！

勝てるポイントさえわかれば
勝てるはずだ！次の方法を探そう

まるで成長してない…

METHOD C
METHOD B
METHOD A

勝つトレーダーの思考

自分は利益が出ても
損失が大きくなって
負けやすい傾向にある
から損切りを徹底
できるようにしよう！

STEP 2
STEP 1

毎回損切りが
ちゃんとできる
ようになった！
次はプランの
立て方の練習
をしよう！

損切りの問題
を克服！

STEP 2
STEP 1

深く追求する

負けるトレーダーの思考

この方法は
勝てるらしい
試してみよう！

METHOD

何だ、全然
勝てないじゃん！
こんなの使えないよ！

ただ使いこなせて
いないだけでは？

METHOD

勝つトレーダーの思考

勝ったり、負けたり
だけど優位性の
高い方法っぽいな。
もっと研究
してみよう！

METHOD

どういう状況下で
効率的に機能しやすいか
しづらいのかも、段々と
分かってきたぞ！

1つの技を究める

コツ

METHOD

# 第3章

# 参加者心理を見抜き「陣地取りゲーム」でちゃっかりと勝て！

# 稼げるトレーダーは
# 市場の心理を見抜く

## ◉ FXは買い手と売り手の「陣地取りゲーム」

　厳しいことをいうようですが、FXはただ、なんとなく売買しているだけでは絶対に勝てるようになりません。

　勝つことも大切ですが負けないことはもっと大事ですし、とはいえ、負けないことだけにこだわりすぎると一向に勝てない——というジレンマが、FXでお金を稼ぐことの難しさだと思います。

　まず、FXをやるからには絶対知っておかないといけないのは、
「どうして上がったり下がったり、為替レートに値動きが生まれるのか」。

　値動きが生まれる理由がわからないと、今、買いなのか売りなのか判断できないですし、当然、値動きに乗って利益を得ることもできません。
「どうして為替レートはジグザグ、山と谷を作って上下動するのか？」
「取引参加者が値動きで気にしていることは何？」

　といったことを、過去の為替レートの値動きを記録した「チャート」を見て、いろいろ「妄想」できるようになると結構、楽しいものです。
「ここで稼がないと死んじゃう」なんて切羽詰まった気持ちで取引していても絶対儲からないし、精神衛生上もよくありません。
「へ〜え、ドル円ってこんな動きをするのか〜」

　と楽しめるようになれば、冷静で客観的な目で値動きを観察する心の余裕も生まれて、自然と相場の値動きをイメージする精度も高くなります。

　副業にも「働き方改革」が必要ってことでしょうか？

　それはともかく、
「FXの値動きとはなんぞや？」

　と訊かれたら、僕は、
「陣地取りゲーム」

と答えるようにしています。

FX市場には結局のところ、「為替レートが上がるとうれしい人」と「為替レートが下がるとうれしい人」の**2通りのプレイヤーしかいません。**

当然ですが、

「為替レートが上がるとうれしい人はその通貨ペアを**買っている人**」

「下がるとうれしい人は**売っている人**」

になりますよね。

たとえば、ドル円を買う人は「アメリカの景気が日本よりいい」とか「アメリカの金利が日本より高い」と考えて、買い手に回ります。

一方、ドル円を売る人は「アメリカの景気が悪くなりそうだ」「なんだか世界的に経済や政治の雲行きが怪しくなってきたぞ」と思って、売り手になります。

そりゃ、理由はいろいろあるでしょう。

でも、理由に関してはまったく考えなくていいです。

大切なのは値動きだけ。

「為替レートが上がると思っている買い手が、下がると思っている売り手よりも多い」と為替レートは上がります。

反対に「下がると思っている売り手が、上がると思っている買い手より多い」と為替レートは下がります。

つまり、為替レートが上がっているときは買い手優勢、下がっているときは売り手優勢。

為替レートの上下動は、買い手と売り手の勢力争いで決まるんです。

そして！

重要なのは、**買い手と売り手の勢力争いには「陣地」があって、**「ここまで下がると買い手が攻めてきて、買いの勢いが盛り返すポイント」があったり、「そこまで上がると、売り手が必死の抵抗に打って出て、じわじわと押し戻すポイント」があったりするということ。

そうした「陣地」がどこにあるかを過去の値動きから見つけて、買い方と売り方の攻防をイメージするゲーム。

それが僕にとってのFXトレードなんです！

## ◉ 値動きの裏には参加者の心理ドラマがある

為替レートは短期的には、市場に参加している買い手と売り手の心理状態や思惑、ポジション動向で動きます。

数年単位の長期スパンで考えれば、もちろん、

「どっちの国の経済状態がいいか」

「金利はどっちの国が高いか」

といった「ファンダメンタルズ」と呼ばれる2ヵ国の経済動向の影響をじわじわと受けることになります。

でも、野田式FXで狙う数日から数週間レベルの短期的な値動きでは、市場参加者の心理状態のほうが、小難しいファンダメンタルズより、格段に影響度が大きくなります。

市場には「この通貨ペアは今後、上がりそうだし買っておこう」という買い手と「下がりそうだし売っておこう」という売り手がいるのは、先ほど述べたとおりです。

では、その後、為替レートが上昇したらどうなるでしょうか？

買い手としてはイメージが当たって万々歳。

「やった！ 儲かった！ もっと買っておこう！」

と喜び勇んで、さらに買いの勢いが強まります。

反対に売り手としてはイメージがハズれて、

「こんなはずじゃなかった」

と頭を抱えてしまう場面です。

「どんどん損失が膨らんで、このままじゃやばいぞっ！」

となると、いっせいに損切り決済の買い注文を入れることになります。

実は、勝負に負けた側の損切り行動が、為替レートの値動きに非常に大きな影響を与えているんです。

ちょっと想像してみてください。

ドル円を売った人は、予想がハズれてドル円が上昇してしまうと、含み損が膨らみ、いつかは損切りしなくてはなりません。

　ドル円の売り手の損切り行動は買い決済ですから、相場にとっては**買い圧力**になります。

　しかも、利益確定とは違い、損切りというのは、成行注文で、「もー、いくらでもいいから、とにかく損切りだ、買い決済だっ、ちくしょう」となることが多いんです。

　つまり、「**ドル円が下がる**」と思って売り手に回った投資家が負けを認めて損切りすると、これまで戦ってきた憎っくき買い手を手助けすることになってしまうのが、FXの冷徹非情なルール（図**3-1**）。

　売り手の損切り行動のおかげで為替レートの上昇に拍車がかかり、買い手はますます勢いづくことになるわけです。

　チャートを見ると、為替レートは随所でありえないほど急角度の暴落や急騰を繰り返しています。

## 3-1　値動きは相場参加者の心理で動く

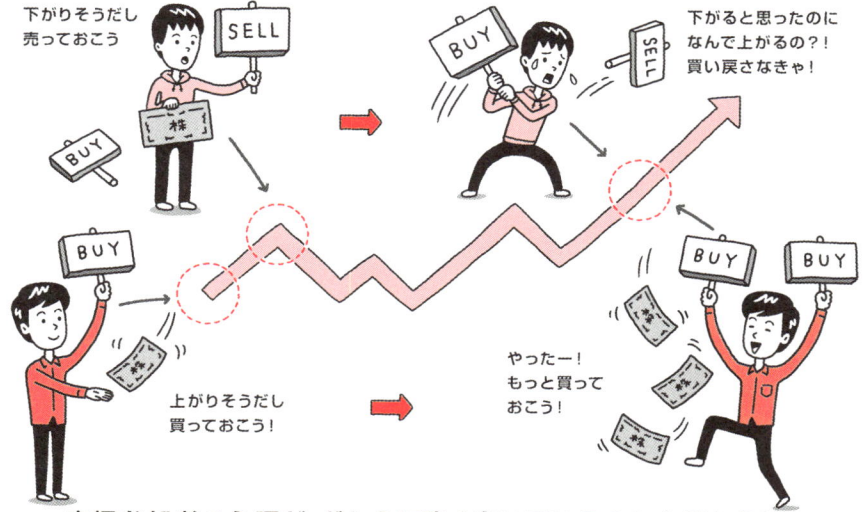

下がりそうだし
売っておこう

SELL

下がると思ったのに
なんで上がるの?!
買い戻さなきゃ!

BUY

SELL

BUY

上がりそうだし
買っておこう!

やったー!
もっと買って
おこう!

BUY　BUY

**市場参加者の心理が、どちらに強く向いているのかを読もう!**

為替レートが急騰したり、暴落したりする値動きの裏には、十中八九、負け組の「いくらでもいいから損切り」という損切り行動が影響している、と考えられるようになりましょう。

## ◉「節目」はレートの意識の集中点

　短期的な為替相場は買い手と売り手がにらみ合う心理ゲームです。

　恋愛に始まり、ヤクザの抗争や北朝鮮危機に至るまで、人間同士の駆け引きや争い、戦いが発生している場面では「心理戦」が必ず起こります。

「ここまで攻めたら相手はどう出てくるか？」

「相手の弱みはどこにあるか？」

「いったん負けたふりをしたあと、相手を叩きのめそうか？」

　といった探り合いが、短期的な為替相場を動かす原動力になるわけです。

　とはいえ、未来は誰にもわかりません。真っ暗闇です。

　そのため、買い手にしても売り手にしても暗闇の中で「メガネ、メガネ、僕のメガネ…」と手探り状態なのは変わりません。

　一寸先は真っ暗闇の為替相場で、相場参加者が頼みの綱にできるのは、過去の為替レートの値動きです。

　たとえば、ドル円がこれまで何度か下落しても、1ドル100円まで下がると必ず反転上昇に転じていたとしましょう。

　その値動きを見た買い手からすると、

「100円から下には行かなさそうだな、だったら買いだな」

　となります。逆に売り手からすると、

「100円から下はなかなか下がらないな。だったら、このへんで売りポジションを買い決済しておこう」

　となります。

　新たな買いと、これまでの売り手の買い決済がダブルで入るので、不思議と100円という為替レートが下げ止まりポイント、つまり買い手側の陣地として意識されるんです。

反対に、ドル円が何度か上昇しても、1ドル101円が壁になって、上昇が失速するようなことが続くと、売り手側は、

「直近の値動きを見ると、2度も1ドル101円で上昇が止まっているぞ。ここから上には行かなさそうだから売りで勝負だ」

　となりますし、買い手側からすると

「101円の壁がなかなか突破できないなら、その前に買いポジションを売り決済してしまえ」

　となります（図3-2）。

　為替市場の参加者は世界中にどれくらいいるか、私は知りません。

　でも、確実にいえるのは、世界中のすべての投資家は過去の値動きを参考にして、FXの売買をしていることです。

　過去のレートなんかまったく見もしないで、「とにかく買い」「なんでもいいから売り」という人はいません。

　さらに、過去の値動きの中で、以前、値動きが反転したポイントや、上

## 3-2 値動きには節目となる価格帯がある

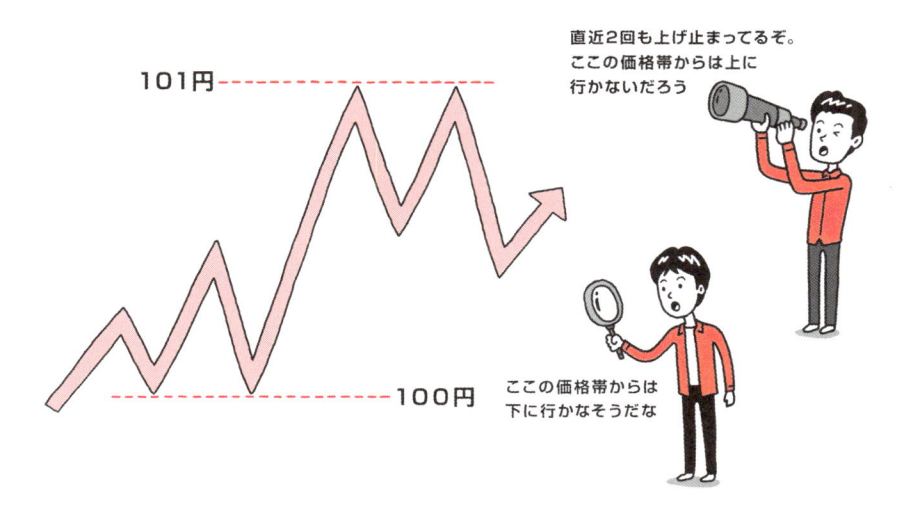

**市場参加者は、以前に値動きが反転した価格帯を特に意識している**

下動の山や谷、長らくもみ合いが続いた価格帯などは、特に投資家の意識が集中しやすい場所になります。

100円とか101円とか「キリのいいレート」もそうですし、過去の高値や安値もそうです。

このように、相場参加者の意識が集まりやすいレートのことを **「節目」** と呼びます。

過去の値動きを示したチャートを見るときは、

「どこが節目なのか？」

に注意する必要があるのです。

## ◉ 安値は買い手の陣地、高値は売り手の陣地に

市場参加者の多くが注目しているポイント、意識が集中している価格帯こそ「陣地取りゲーム」の陣地になります。

砦とか拠点とか基地といってもいいでしょう。

**過去の安値は「ここまで下がったら、もう下がらないだろう」ということで買い手の陣地**になります。

過去の安値近辺まで下がったら、新たな買いが入り、売り手も利益確定の買い決済を行うので、為替レートがそこから下にはなかなか下がらない **クッション（支持帯）** のような役目を果たすわけです。

反対に**過去の高値は「ここまで上がったら、もう上がらないだろう」ということで売り手の陣地**になります。そこまで上がると新たな売りが入り、買い手の売り決済もあるので、そこから上にはなかなか上がらない **壁（抵抗帯）** になります。

でも、陣地は破られることもあります。

買い手が立てこもっている安値の陣地に向かって、売り手がどんどん攻めていって、その陣地を突破したとき、どういうことが起こるでしょう。

買い手は陣地を突破されて、損益がマイナスになるので損切りの売り決済に走ります。売り手は買い手陣地の突破成功でますます勢いが増し、進

撃ラッパを鳴らしながら、追加の売りで攻め込んでいきます。

　つまり、過去の安値がブレイクされると、買い手が総崩れになり、売り手の勢いを増すので、下落に拍車がかかるのです。

　逆に過去の高値がブレイクされると、売り手は敗走、買い手攻勢となり、上昇が加速することになるのです。

　いわゆる「**安値ブレイクで売り加速**」「**高値ブレイクで買い加速**」というのがその際の値動きになります（図3-3）。

## ⦿ 大きな値動きの流れ＝トレンドに従う

「陣地＝節目」と同じぐらい、いや、それ以上に重要なのは為替レートの大きな流れです。

　FXに関するどんな書籍を開いても書いてあることですが、為替レートの値動きを全体として見たときの大きな方向性のことを「トレンド」と呼

びます。

　為替レートが全体として、

　上に向かって動いていれば「上昇トレンド」、

　下に向かって動いていれば「下降トレンド」、

　横ばいで動いていれば「横ばいトレンド」（もしくは「レンジ相場」「保ち合い相場」）

と呼びます。

　月並な話になってしまいますが、やっぱり、FXトレードではトレンドに逆らって勝つのはとっても難しい。

　為替レートの大きな流れが上昇トレンドのとき、ちょっと為替レートが下がったからといって、

「もう上がらないだろう。売るか！」

と安易に売り手に回ってしまうと、上昇トレンドはまだまだ健在で、

「なんで自分が売ると上がっちゃうんだ！」

となって、損失が膨らんでしまう状況に陥りがちです。

　やっぱり、川でも海でも、為替相場でも、流れに逆らって泳ぐよりも、流れに乗って泳ぐほうがはるかに楽に泳げます。

　どんなトレンドにおいても、市場に買い手と売り手がいて、互いに戦っていないと値動きは生まれませんが、上昇トレンドのときは買い手優勢、下降トレンドのときは売り手が優勢で、その時々の勝ち馬に乗るのが売買判断の決め手になります。

　たとえば、チャート上の「節目＝陣地」を挟んで買い手と売り手が対峙しているような局面でも、そのとき、大きなトレンドがどちらを向いているかをたえず意識している必要があります。

　目先の値動きばかり追いかけていると、大きな流れに翻弄されてFXの海で溺れるだけなので注意してくださいね。

**上昇トレンドのときは買い、下降トレンドのときは売りで勝負するのが基本**

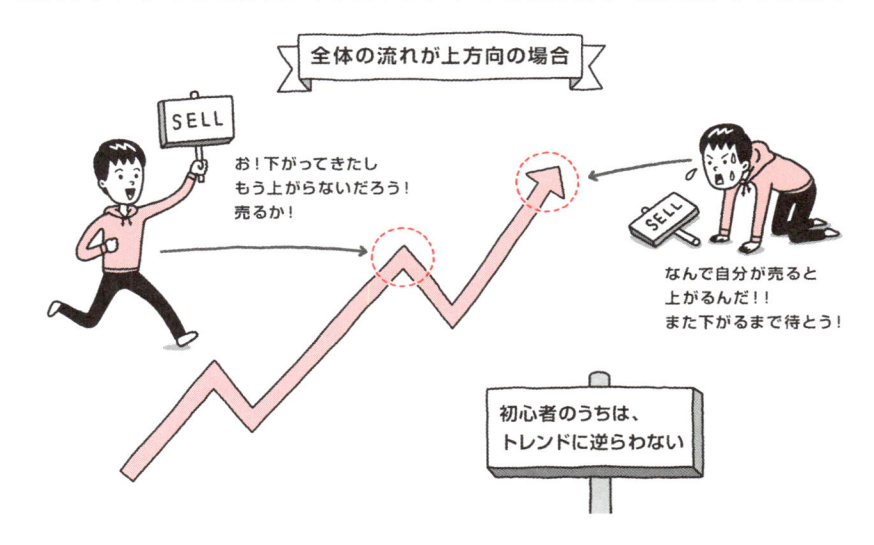

## ◉ トレンドの3つの側面を意識する

　為替レートは「大きな流れ＝トレンド」に沿って動きますが、その流れは永遠というわけではありません。

　たとえば上昇トレンドの初期段階では、まだ買い手も疑心暗鬼で「本当に上がるのかな？」と手探り状態です。

　しかし、為替レートの上昇が続くと、買い手が徐々に増えてきて、

「これからも上がりそうだし、買いで決まりだ！」

　と考えた投資家が大挙、買いで参入して、本格的な上昇トレンドになります。上昇トレンドが順風満帆なうちは、「横断歩道みんなで渡れば…」ではないですが、「上がるから買う、買うから上がる」というイケイケドンドンの上昇が続きます。

　買い手からすると、「下がったところで買えばいずれ上がる」「上がったところで買えば、さらに上がる」というウハウハ状態です。

逆に売り手からすると、「下がると思って売ると、またすぐに上がっちゃう」「上がりすぎだと思って売ったら、さらに上がってしまう」というドツボな状況。

上昇トレンドでは、買い手の陣地がどんどん拡大して、売り手が敗走している感じになります。

しかし、為替レートの上昇力が次第に鈍ってくると、さすがの買い手も「もうこれ以上は上がらないかな？」という気分になります。

反対に売り手からすると、「上昇の勢いが落ちた。試しに売ってみようかな」という気持ちが芽生えてきます。

買う人がどんどん減って売る人がどんどん増えてくれば、そこで上昇トレンドは終焉。逆向きの流れが加速して、いわゆる「トレンド転換」が起こるのです。

上昇や下降が続いているときは買い手と売り手の一方が圧勝していて、イケイケドンドンの状態。

上昇や下降が止まったところは、買い手と売り手が様子見して互いにけん制しあっている状況。

これまでのトレンドが大逆転したところは、勝者と敗者が入れ替わった瞬間になります。

つまり為替相場には「トレンド加速・継続」「トレンド失速・終焉」「トレンド転換」という3つの側面がある、ということ。

「今、相場はどの局面にあるのか？」を意識することが、FXで利益を上げるためには重要なんですね。


## ◉「買う人」「売る人」の心理と行動を想像しよう

図3-5はドル円の週足チャートですが、為替レートが上下動を繰り返すレンジ相場を抜けたあと、Aの期間にドスンと急落しています。

通常、FXの売り手は「高く売って安く買い戻す」ことで儲けようとします。売り手としては「なるべく高くで売りたい」という意識が根強くあります。

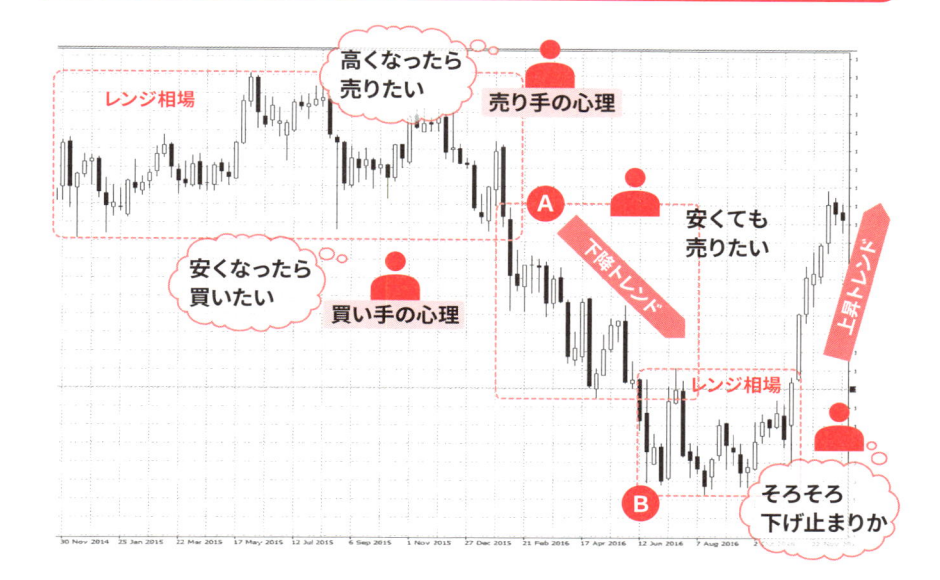

でも、Aのような急落局面では、「なるべく高く」なるのを待っていては、売りのタイミングを逃してしまいます。

　為替レートがガクンと急落するためには、その裏に「多少、安くても売りたい」という投資家がいる必要があります。

　急落を見たら、通常は「高いところで売りたい」と感じている投資家が「安くても、なんでもいいから、とにかく売りたい」という心境になるっていうこと、つまり、買い手側の損切り＝投げ売りが始まったんだな、ということをなんとなく想像できるようになりましょう。

　それが投資家心理を読むための第一歩です。

　その後、Bのレンジ相場でドル円は下げ止まって、少しもみ合ったあと、上昇に転じています。「為替レートが下がる」と考えて売り手に回っていた投資家は、この時どういう行動に出るでしょう？

　そうです！ 利益を確定しようとするはずです。

　損切りと同じように**利益確定行動も相場を反転させる力**になります。

つまり、Bの地点ではこれまでの売り手が、

「ずっと下げが続いてきたけど、もうそろそろ下げも終わりかな」

と考えて、売りポジションの利益確定、つまり買い決済に走った可能性があります。

どんなに強いトレンド相場でも、そのトレンドに乗って儲かっている投資家の利益確定行動があるため、為替レートは必ず上がったら下がり、下がったら上がりを繰り返します。

**為替レートの値動きがジグザグ、山と谷を作って上下動を繰り返すのは、投資家の利益確定行動があるから**なのです。

Bの地点で下げ止まったことで、当然、新たな買い手も参入してきます。

買い手の基本的な心理状態は、

「安く買って高く売りたい」。

つまり、為替レートが下げ止まって、これ以上、下がらない、という状況になれば、それは安く買える絶好のチャンスですから、新規の買い手も登場して、為替レートは上昇に転じるわけです。

## ◉「買う人」は安く買って高く売りたい

買い手と売り手の心理を整理すると、

**○買い手側の心理**

「なるべく安く買いたい」

「多少高くても買いたい人が増えると、為替レートの上昇が続く」

「買い手の利益確定や損切りは、為替レートの下落要因に」

**○売り手側の心理**

「売り手はなるべく高く売りたい」

「多少安くても売りたい人が増えると、為替レートの下落が続く」

「売り手の利益確定や損切りは、為替レートの上昇要因に」

となります。

買い手の一番強い思いは「安く買いたい」ですから、為替レートという

のはある程度下がると自然と反発しがちです。

　特に上昇トレンドが続いているときは、買い手優勢ですから、為替レートが買い手の利益確定売りやそれに便乗した売り手の新規売りで下がって、安くなると、「お買い得だな」と感じる買い手が参入してきて、為替レートは自然と下げ止まります。

　何度も同じレート近辺で下げ止まったりすると、投資家はそのポイントまで下がると、「また下げ止まるかも」と意識するようになります。

　多くの買い手が、「このあたりまで下落したら、お買い得だから買い」と意識すればするほど、そのポイントに来ると実際に下げ止まるようになり、為替レートの下落を阻むクッションのような存在になります。

　このクッションが「**サポートライン（下値支持線）」と呼ばれる買い手の陣地**になるわけです。

　代表的なサポートラインは過去の安値、過去に値動きがもみ合ったゾーン、下値にある過去の高値やキリのいいレートなどです。

　むろん、あくまで投資家が意識してこそのサポートラインです。「このポイントがサポートラインっぽいけど、果たして本当にそうなのか、違うのか」という意識を持ちながら値動きを観察することが重要です。

## ◉「売る人」は高く売って安く買い戻したい

　反対に、売り手の基本的な意識は、「なるべく高く売って安く買い戻したい」というものです。そのため、売り手は、
「ここまで上がったら、そろそろ下がるだろう」
　というポイントを意識しがちです。

　そうしたラインは、為替レートの上昇を阻む壁になるので「**レジスタンスライン（上値抵抗線）」と呼ばれ、売り手の陣地**になります。

　こちらも投資家が意識していて、実際にそこまで上昇すると売り手がどんどん増えてきて、為替レートが自然と反転下落しないと「レジスタンスライン」として機能しません。

代表的なレジスタンスラインは過去の高値になります。

200日移動平均線とか、一目均衡表の雲とか、さまざまなテクニカル指標が示すラインも、サポートやレジスタンスになりますが、やはり一番単純で誰でもわかるのは過去の高値や安値です。

図3-6は、ドル円の長期的な値動きを示した週足チャートです。

パッと見たとき、真っ先に目に飛び込んでくるのは、為替レートがジグザグ、上がったり下がったりを繰り返している値動き、そして、その過程にできた山と谷、つまり過去の高値や安値じゃありませんか？

図の画面左手のAのゾーンのように過去に何度も下げ止まった価格帯は長期的なサポートライン（支持帯）になります。

反対に画面右手のBのゾーンなんかは、何度もそこまで上昇して突き破ろうとトライしながら、必ず下落に転じる壁になっていますよね。

なので、強力なレジスタンスライン（抵抗帯）といえます。

## 3-6 値動きの中にできた支持帯・抵抗帯に注目

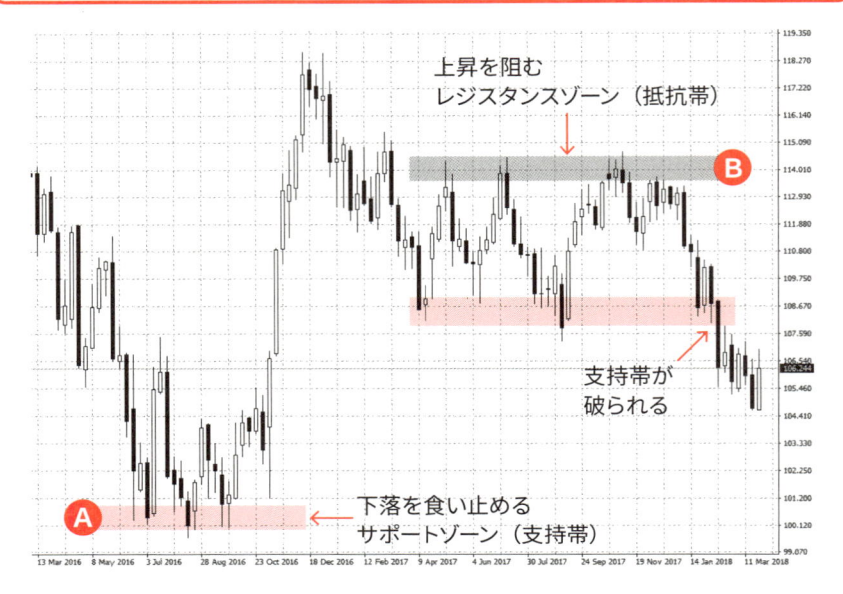

## ◉ コウモリになって「陣地取り合戦」の勝ち馬に乗る

では、実際にFXの売買をする場合、どのタイミングで買ったり売ったりすればいいのでしょうか？

FXの値動きは買い手と売り手という2大プレイヤーによる陣地取り合戦といっても、「一度買い手を選んだらずっと買い手」「売り手になると決めたら、ずっと売り手」である必要はありません。

その時々の状況に応じて、まるで「コウモリ」のように、優勢なほうに寝返ってもまったく問題ありません。

日常生活で、あまりコロコロ意見を変えていると、信頼できないヤツ、すぐに他人を裏切るヤツと批判の的になってしまうこともあるでしょう。

でも、FXの世界では、寝返り、抜け駆け、裏切り、なんでもありです。「寄らば大樹の影」「長いものに巻かれろ」ということわざもあるように、買い手と売り手のうちでどちらか強いほうを選んで、その勢いに便乗することが、戦乱の世を生き抜くためのただ1つの知恵になります。

## ◉ 圧勝ゲームもあれば、つな引き状態もある

次のページの図3-7はドル円の日足チャートですが、過去の高値が集まる抵抗帯と、安値が集まる支持帯の間で、買い手と売り手が必死に戦っていました。

買い手と売り手の勢力が拮抗して押したり引いたりしている場面です。

そうしたレンジ相場の売買戦略は、レンジの上限、下限を見極めて、上限から下落したら売り、下限から上昇したら買いが基本になります。

しかし、買い手と売り手の勢力争いに決着がつき、買い手もしくは売り手が勝利すると、為替レートは一方向にかなり急激に進むことが多いもの。

そのシグナルになるのが、買い手や売り手の陣地が破られたときです。

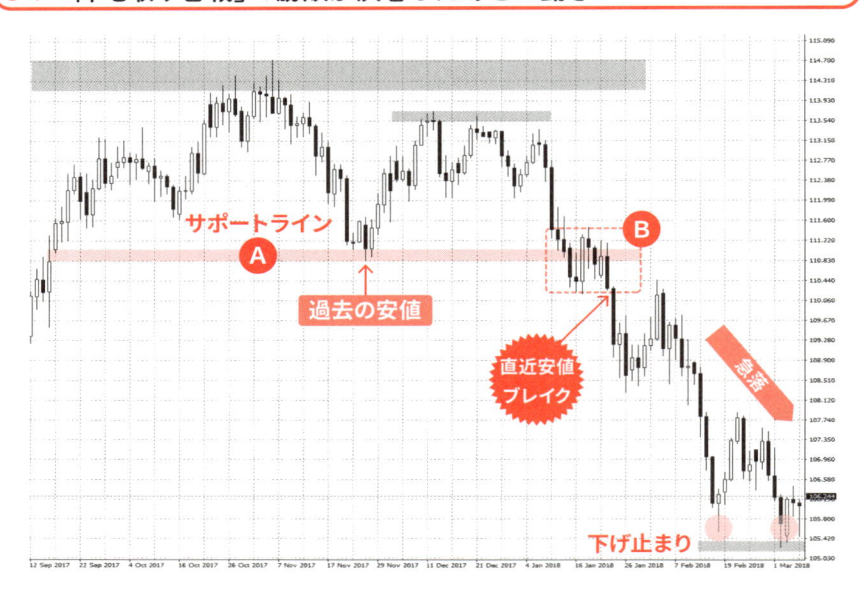

いわゆる「安値ブレイク」「高値ブレイク」と呼ばれる値動きです。

この瞬間こそ、節操もなく「勝ち馬に乗る」「強いヤツにこびへつらう」タイミングです。すなわち、

「買い手の陣地であるサポートラインがブレイクされたら売り手圧勝なので売り」

「売り手の陣地であるレジスタンスラインがブレイクされたら買い手圧勝なので買い」

と、強いものにつくのが基本戦略です。ただ、実戦では、

「いったい、どっちが勝っているのか？ よくわからない」

という状況も多いものです。

一方が圧勝と思ってそちらの味方をしたら、もう一方の勢力の逆襲が始まって、勝ち馬に乗り遅れてしまった、ということもよく起こります。

図3-7でも、AのサポートラインがいったんブレイクされたBのゾーンでは買い手が最後の抵抗を試みて、これまでの陣地のすぐ下あたりで戦い

が起こっています。

　上に戻れば買い手の反撃成功、下に行けば売り手の圧勝、さぁ次はどっちが勝つか、なかなかわからない局面です。

　結局、売り手が戦いに勝って為替レートは大きく下落していますが、Bのもみ合いの局面で、上に行くか下に行くか、どちらに転ぶかを正確に当てるのはなかなか難しいものです。

## ◉ 明確なシナリオが描けたら、勇気を持って勝負！

「買い手が勝ちか、売り手が勝ちか」をイメージするのがFXというゲームです。

　そのためには買い手と売り手の陣地がどれぐらい強くて守備力ではどっちが強そうか、また相手の陣地を奪い取るような攻撃力の面ではどっちが優勢かを自分なりに判断する必要があります。

　単純に「こうなったらいいのにな」という予想ではなく、**いくつかのシナリオが想定して、そのうちのどのシナリオが起こる確率が高いかをイメージ**してみてください。

　**図3-7**の最後の値動きは、買い手が一網打尽にされて、売り手優勢が続いている場面ですが、2度ほど同じレベルの安値で下げ止まっていて、買い手もなかなか頑張っています。そんなときは、
シナリオ①「下げ止まった安値を新たな陣地にして買い手が攻勢に出る」
シナリオ②「売り手がさらなる攻勢に出て、もっと下がる」
シナリオ③「買い手と売り手の勢力が拮抗してもみ合う」
　といったシナリオを立てることができます。

　図の外の話ですが、その後の経過を見ると、シナリオ②が正解でしたが、事前にどれが正解かなんて誰にもわかりません。でも、どのシナリオになるかを自分なりに選ばない限り、売買行動を起こすことはできません。

　むろん、様子見も重要な選択肢ですが、「シナリオ②の確率が高い」と確信が持てたら、勇気を持って、そのシナリオに賭けない限り、利益は得

られないんです。どのシナリオを選ぶかはあなた次第。

でも、明確なシナリオを描いたうえで勝負すれば、間違っていたら損切りすればいいだけですし、値動きイメージが当たれば、そのシナリオがどこまで続くか、イメージをさらに更新しながら利益を伸ばせばいいだけの話です。とにかく、FXの値動きは戦争のようなもの。買い手と売り手の戦いの行方をあれこれシミュレーションする「想像力」が大事なんです。

## ◉ どちらかの陣地が破られたときは稼ぎ時！

陣地取り合戦のFXでは、互いの陣地が強固で、陣地の間で押しつ戻りつしている間は、比較的穏やかなレンジ相場になります。

そうした局面では高値で売って安値で買ってを繰り返していればいい。

ただ、より大きな値動きが生まれて、稼ぎ時になるのは、どちらか一方の陣地が相手の攻撃によって破壊されて、片方のプレイヤーが陣地から逃げ出したときです。

図3-8は僕がメインで取引している英ポンド円ですが、非常にざっくりレンジ相場が続いている期間と、レンジがブレイクされている期間をゾーンで分けてみました。

Aのゾーンでポンド円は狭い値幅の間をやや右肩下がりになりながら上下動していましたが、aでレンジ相場の下限をブレイク。

どーですか？ ものすごい勢いで下落しています。

ちょうど、このあたりは英国で国民投票が行われてEU離脱（ブレグジット）が決まった時期になりますが、そんなこと知らなくても、この下落を見れば、レンジ相場から急激な下降トレンドに突入したことがわかりますよね。

Bのゾーンはまさに売り手の圧勝で、売りが売りを呼ぶ展開です。

もし買いで入ろうものなら、即、損切りの売り決済で撤退を強いられる局面です。

やっぱり相場が大きく動いて、**FXの稼ぎ時になるのは、このように片**

方のプレイヤーが完膚なきまでに負けて、総撤退した場面なんですね。

しかし、どんな値動きも永遠ではなく、Cのゾーンでは何度か直近の安値をブレイクしようと売り手が攻勢に出るものの、失敗に終わり、再び「ここが底値ではないか」を買い手が確かめるようなレンジ相場に移行しています。売り手からすれば「もう十分下がったし、ここらで利益確定の買い決済かな」という場面です。

逆に、これまで敗走してきた買い手からすれば「ここまで下がったらさすがに上昇に転じるのでは。だったら買いか」と打診買いを入れたくなる場面です。

そうした投資家心理が働いて、Dのゾーンでは反転上昇トレンドが加速。ここは買いで勝負する場面になります。

しかし、上昇の勢いは長くは続かず、反転上昇後は安値と高値の間を行ったり来たりするレンジ相場（Eのゾーン）に移行しました。

このあたりは、売り手圧勝だった暴落後の焼け野原に、新たな買い手と

## 3-8 長期的なトレンドの変化と売買戦略の練り方

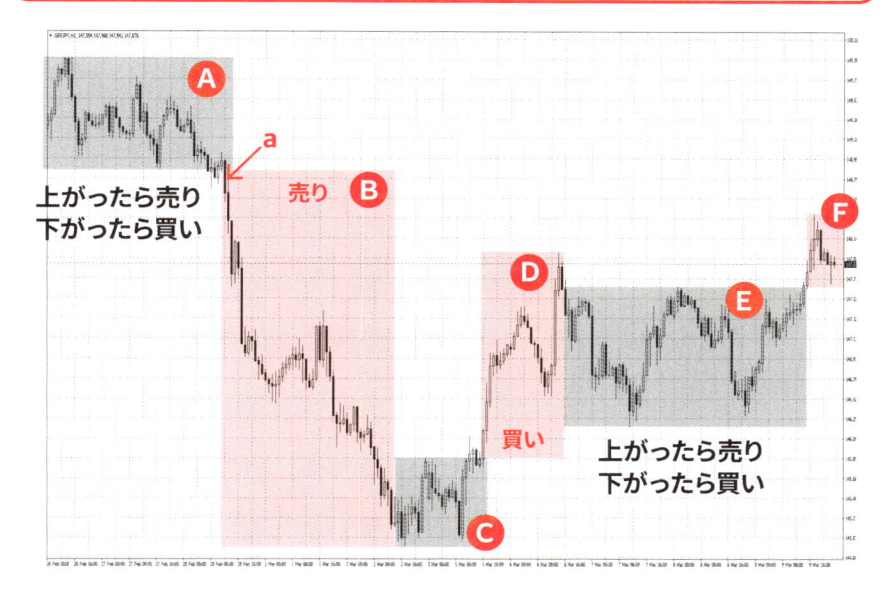

売り手の陣地が構築され、再び睨み合っている状況ですね。

そして、Fのゾーンで、ポンド円は売り手の陣地だったEの上値（抵抗帯）を抜けて、さらに上昇しようとしています。

ここで高値ブレイクとなれば、買いで追随することになりますが、多少高値を切り上げただけで再び売り手の攻勢にあって下がる可能性もあります。つまり、

シナリオ①「レンジEの上限をサポートに、ここからさらに上昇する」

シナリオ②「レンジEの上限が多少切り上がっただけで、再び下落する」

という2つのシナリオを立てることができます。

じゃあ、シナリオ①のイメージに基づいて買う場合、「どこまでイメージとハズれれば損切りか」「どこまで上がれば利益確定か」の2つを考えてみましょう。

たとえば、レンジEの上限を再び割り込んだら、ブレイクはダマシだったと素直にあきらめて損切り。

逆にブレイクした場合は、暴落前に推移していたAのゾーンの下限あたりが今度は売り手の陣地になりそうなので、そこまで上がったら、いったん利益確定といった売買計画を立てることもできるでしょう。

むろん、「上がるか下がるかわからない。だから様子見」というのも立派な売買戦略です。とにかく、レンジ相場とそこからのブレイクという、たった2つの局面分析からでもさまざまなシナリオを立ててイメージに基づいた売買行動を選択できるわけです。まずは、

「値動きの意味を自分なりに理解すること」→

「その値動きをもとにシナリオを立てること」→

「シナリオが正しいか間違いかの判断を、値動きを基準に決めること」→

「その基準をもとに実際に売買を行うこと」

こういった手続きを踏んでいくことが、FXのトレード技術を向上させるための、地味ですが、着実な方法です。

こうしたシナリオ作りに関しては、さまざまな通貨ペアの過去の値動きをたくさん見て、とにかく練習するしかありません。

そのためのドリルは第4章以降にたくさん用意していますので、いっぱいチャートを見て、あれこれ自分なりに考え、FXのトレード技術向上にぜひ役立ててくださいね！

## ⊙「寝返り」「抜け駆け」何でもありのFX関ヶ原

**FXは勝った人と同じだけ、負けた人がいるゼロサムゲームの世界**です。買い手と売り手は関ヶ原の合戦のようにいつも戦う布陣を整え、陣地を決めながら「相手のほうに攻め込もう」、ときには「いったん負けたふりをして、逃げながら追いかけてきたところを返り討ちしてやろう」と狙っていたりもします。最初に買い手側について勝負したからといって、負けが鮮明なら、180度寝返って、売り手の側に回っても、全然卑怯じゃありません。フライング気味に抜け駆けするのも自由です。売買戦略の基本は、

「買い手と売り手の陣地がどこかを見極める」

「レンジ相場が続いている間は、レンジ上限（売り手の陣地）で反転下落したら売り、レンジ下限（買い手の陣地）で反転上昇したら買い」

「陣地が突破されたら、その方向についていく」

「上昇トレンドが鮮明なときは買い手、下降トレンドが鮮明なときは売り手側につく」

陣地が本当に突破されてトレンド転換が起こったのか、突破されたように見えて結局、元通りのトレンドに戻るかの見極めは難しいですが、ハズれたら潔く損切り。

でも、イメージが当たって、一方のプレイヤーが完膚なきまでに負けるまで一方通行の動きが続いたら、「溺れた犬を叩く」ように負け組投資家の弱みにちゃっかり、付け込みましょう。

そういうと、残酷極まりない感じがしますが、冷酷非情なFXというゲームでは、**負けたやつをとことん叩くことが爆利につながる**ことが多いもの。あくまでゲームと割り切って勝ち馬がどちらかを見極めること、負け組はどちらかを冷静に判断することが重要なのです。

## 値動きには上昇・横ばい・下降の3つのトレンドがある

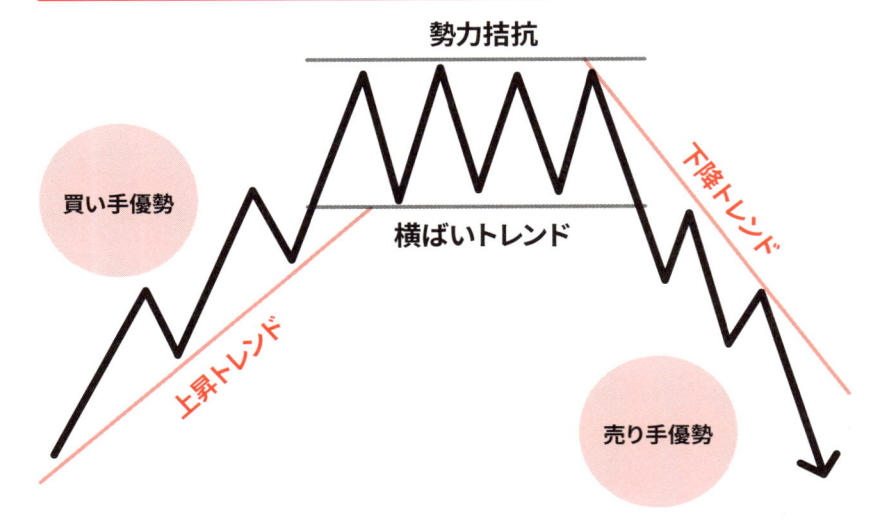

### 上昇トレンド

- 下がったら（サポートライン前後で）買う
- 上昇が加速（直近高値ブレイク）したら買う
- 売りでの勝負はしない

### 下降トレンド

- 上がったら（レジスタンスライン前後で）売る
- 下降が加速（安値ブレイク）したら売る
- 買いでの勝負はしない

### レンジ相場

- 上がったら（レジスタンスライン前後で）売る
- 下がったら（サポートライン前後で）買う
- 様子見もあり

# 第4章

## 野田式
## ライン分析の極意

# ライン分析が
# シンプルかつ有効な理由

## ◉ シグナルは多くの人が見ているほど効く

テクニカル指標というと、移動平均線とかボリンジャーバンドとか一目均衡表とか、たくさんの種類があります。

その共通点は、為替レートの値動きを独自の計算式に当てはめて、一目見ただけではわからない値動きの方向性なり勢いを算出することです。

たとえば、**移動平均線は、ある期間の為替レートの終値の平均値を結んだ線**です。

ある期間の平均値ですから、その期間中にその通貨ペアを取引した投資家の平均的な売買レートと見なすこともできます。

為替レートが移動平均線より上にあれば、期間中、買いで勝負した投資家は、平均的に見て、みんな儲かっているから買いの勢いが強い、といった判断をします。

でも、計算式を使わないと算出できないテクニカル指標はすべて、ローソク足チャートを一目見ただけでは、その指標が今どうなっているのか、わかりません。

どの指標も、チャートソフトなどを使って、そのテクニカル指標が表示されるように設定しないと見ることができないんです。

これってどういうことかというと、FXの取引を行う世界中の投資家の中でも、その指標を見ている人がごく一部しかいないということ。

移動平均線なんかはとってもポピュラーなので、多くの投資家がチャートソフトに表示させて、「あっ、5日線を割り込んだから売り」とか「200日移動平均線が右肩上がりだから上昇トレンド」とか、売買判断や相場分析に使っていると思います。

でも、すべての投資家が見ているとは限りません。

移動平均線を見ていない投資家は「5日線を上に抜けたから買い」という判断ができません。だって、見ていないのだから、当然です。

　テクニカル指標の売買シグナルが当たる確率は、結局、どれだけ多くの投資家がそのシグナルを使っているかどうかで決まります。

　**見ている投資家が多ければ多いほど、多くの投資家がそのテクニカル指標のシグナルに従って実際に売買するので、シグナル通りになる確率が上がる**、といった程度のものです。

## ◉ ライン分析はすべてのテクニカル分析の源

　では、一番たくさんの投資家が見ている指標って、いったいなんでしょう？　簡単です。過去の値動きを示したチャートそのものです。

　世界中、どこを探しても、過去の値動きを示したチャートを見ないで、「上がるか下がるか」判断しているFXの投資家はいないと思います。中にはレートがいくらか関係なく、その通貨ペアを買ったり売ったりしなきゃいけない人もいるでしょう。そういう投資家は、今のレートがいくらか、まったく気にしないかもしれません。

　でも、そんな投資家でも、発注レートを確認するために、少なくともチャートぐらいは見るはずです。

　そう考えると、投資家の売買判断に一番影響を与えているのは、世界中の投資家が一番よく見ているチャートそのもの、と考えて間違いありません。いくら頭のいい人が難しい計算式を駆使したテクニカル指標を使って今後の値動きをイメージしたとしても、シンプルで誰もが注目しているイメージにはかなわないのです。

　過去の値動きをシンプルに見て、「最近、かなり下がってるな。ここまで下がったら下がりすぎだから買いだな」と思う投資家が多ければ、為替レートは実際に上昇します。

「最近、上がりすぎだな。そろそろ下がりそうだ」と感じる投資家が多数派じゃないと、実際その通りにならないのです。

そういう意味でどんなテクニカル分析よりも、値動きそのもの、ローソク足チャートそのものを直接見て、値動きをイメージしたほうが当たりやすい、というのが僕の考え方です。

むろん、さまざまな方向から値動きの検証をしたいので、僕だって移動平均線とかボリンジャーバンドとか、テクニカル指標を使います。

でも、値動きをイメージするためのメイン分析ツールとして使っているのは、ローソク足チャート上の過去の高値や安値、高値同士や安値同士を結んだ「ライン」と呼ばれる指標です。ライン分析ほどシンプルなテクニカル分析はありません。だからこそ当たりやすいというか、値動きのイメージを持つのに使いやすい、と僕は自信を持っています。

## ◉テクニカル分析の親玉・ダウが考えたトレンド

テクニカル分析の産みの親といわれているチャールズ・ダウは、「値動きはすべての情報を織り込む。だからチャートだけ見ておけばいい」いった意味合いの名言を遺しました。

FXに少し慣れてくると、雇用統計がああだこうだ、FRB（アメリカの中央銀行）や日銀の金利政策がどうのこうのと、ファンダメンタルズ（経済状況）をあれこれ議論する人が多くなります。

でも、そんなことを立派に議論できたからって、FXで儲かるか損するかとは別問題です。

結局、世界中の投資家が1分1秒単位で変化する経済状況に反応してFXの売買を行っているわけですから、すべてのファンダメンタルズ的な変化は為替レートの値動きに秒速単位で反映されているんです。

とにかく値動きだけを見ていればいい、というダウ先生の意見、僕も大賛成です！

そんなダウ先生が語ったもう1つの名言は、

「為替レートにはトレンドがある」

というものです。そして、

「為替レートの高値と安値が切り上がっていれば上昇トレンド」
「高値と安値が切り下がっていれば下降トレンド」
「高値と安値の切り下げ切り上げが不規則になったらトレンド相場ではなくレンジ相場」

と、どんな値動きになると、どのトレンドなのかを定義しました。

トレンドが重要なのは第3章でも説明しましたが、ダウ先生がいうように、トレンドというのは、過去の高値や安値より、今の高値や安値が切り上がっているか切り下がっているかで決まってくるもんなんです。

僕がFXで月利50-100％の成績をコンスタントに叩き出せるようになったライン分析は、世界中にウン十万、ウン百万人いるFXの投資家ほぼ全員が注目する、過去の高値や安値に注目した値動き分析法です。
「たくさんの投資家が見ているものに注目すると、一番、的確に値動きをイメージできる。だって、たくさんの人が見ているから」

と言いましたが、ライン分析は過去の高値や安値を起点にさまざまなライン（線）を引くことで、投資家が直観的に見ていた値動きの方向性や変動幅などをビジュアル化することを目指しています。
「相場のことは相場に聞け」という投資格言がありますが、その最もシンプルで確かな実戦法がライン分析なんです。

## ◉ まずはローソク足の見方を覚えよう

ローソク足の見方は学習済みという方は読み飛ばしてもらって構いませんが、まずはライン分析のもとになるローソク足チャートの見方を少し解説しておきましょう。

江戸時代の米相場で生まれたローソク足は日本人が発明した、日本が誇る値動きの表示法です。

その最大の特徴は1つの足の中に、4つのレート情報が埋め込まれていること。その4つは、

○期間中の最初の為替レートである「始値」、

○期間中の「高値」と「安値」、

○最後につけた為替レートである「終値」。

　普通の折れ線グラフは点と点を結んだだけです。その点は通常、期間中に為替レートが最後につけた「終値」になります。しかし、これだと、その期間内に起こっていた値動きがよくわかりません。

　それに対して、ローソク足だと最小単位に設定した期間の内部で、為替レートがどんな値動きをしたかを、「始値」「高値」「安値」「終値」の4つの情報からパッとイメージすることができます。

　図4-1に示したように、ローソク足は始値と終値が上辺・下辺となるような四角い実体部分と、高値を示す上ヒゲ、安値を示す下ヒゲによって構成されます。

　たとえば、期間中の為替レートが始値から終値まで一直線に大きく上昇した場合は図4-1のAのような形状になり「大陽線」と呼ばれます。

### 4-1　ローソク足の仕組みとさまざまな形状

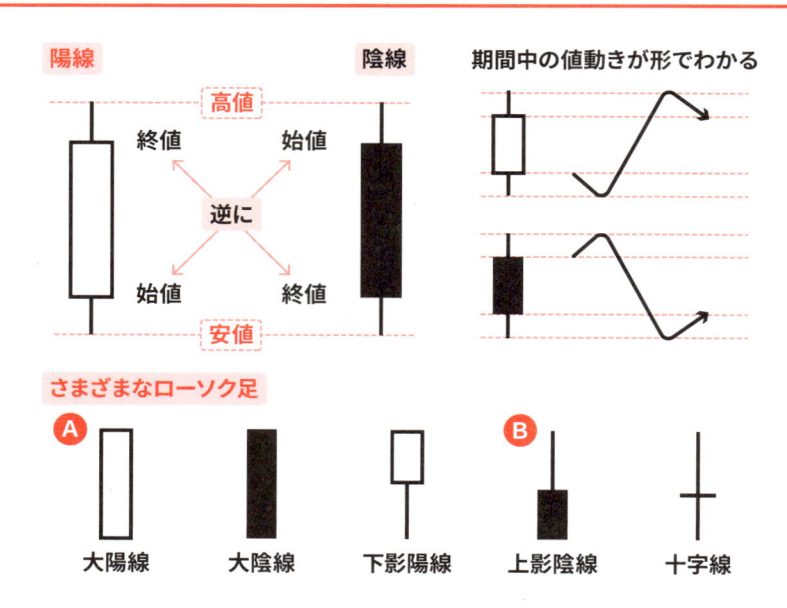

上ヒゲの長いBのような陰線なら、取引開始後にいったんは急上昇して高値をつけたにもかかわらず、そこから急激に失速して結局、始値よりも終値が力なく下げた状態で取引が終了したことがわかります。

ローソク足の形から、その期間中の為替レートの値動きの流れや勢いを判断するのが、チャート分析の基本です。

1本のローソク足だけでなく、複数のローソク足を組み合わせて眺めてみると、為替レートは上下動を繰り返しながらもある一定の方向に向かって値動きしていることが多くなります。

このローソク足の方向性や傾きが、トレンドってやつです。

たとえば、図4-2のチャートを見たら、Aの期間は明らかに上がっている、Bの期間はやや下落しながら、なんとなく横ばいで推移している、Cの期間は明確に下がっている、のがわかります。そのとき、図の**チャートの値動きに沿うようなラインを上下に引く**と、為替レートの方向性をより明確に限定でき、一目見ただけで、

## 4-2 チャート上にトレンドラインを引く方法

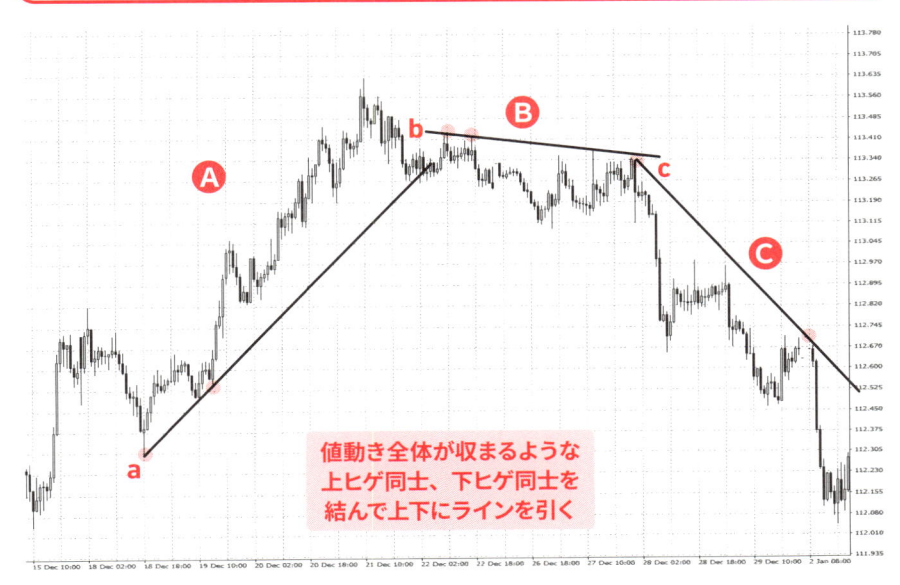

値動き全体が収まるような
上ヒゲ同士、下ヒゲ同士を
結んで上下にラインを引く

「Aの期間はaを支持線として値動きしていたんだ。Bのときはb、Cのときはcを抵抗線として値動きしていたんだ」と視覚的に確認できます。

　ラインを引く基本的なルールは、ラインから外側に為替レートがはみ出さないこと。

　そのためには、値動きの中から、一番上にある2つの高値同士を結んだ線、一番下にある2つの安値同士を結んだ線を引く必要があります。

## ◉ ラインを引くことで値動きの「枠組み」を知る

　前ページの図4-2のように、為替レートが外側に一度もはみ出たことがないラインを引くことで、**値動きがどんな枠組みというか立てつけの中で動いてきたか、視覚化する**のが、ライン分析の基本です。

　本当は、ラインがブレイクされていても見ることも大切なのですが、初めはブレイクされていない枠組みを見つけるようにしましょう。

　とにかく、いろいろ自分なりに引いてみるのが一番です。次ページに上昇トレンド、横ばいトレンド、下降トレンドの3つの局面にあるチャートをドリル形式で表示したので、それぞれに対応したラインを引いてみてください。

　解答では、その後の値動きでブレイクされてしまった「使用済み」のラインも点線で引いています。ちなみに解答はあくまで僕の見解です。

## ドリル4-❶

次のチャートは上昇トレンドの値動きです。安値同士を起点にラインを引いてみましょう！

## ドリル4-❷

次のチャートは横ばいトレンドの値動きです。安値同士を起点にラインを引いてみましょう！

## ドリル4-❸

次のチャートは下降トレンドの値動きです。高値同士を起点にラインを引いてみましょう。

## ドリル 4-①

当初、点線のラインaがサポートラインだったが、ラインの外側に値動きがはみ出たことで使用済みに。全体が収まるラインbを引き直すことでトレンドの方向性を更新していく。

## ドリル 4-②

「横ばいトレンド」で安値同士なので、aの線になる。でも、もしこれがBの時点までのチャートなら、点線ラインの「上昇トレンド」になる。この問題では、「自分がどのトレンドにいるのか知るのは、実は難しい」というのを実感してほしい。「横ばいトレンド」というのもあくまで「現状」の話だ。

## ドリル 4-③

ライン分析の目的は現状の値動きを把握すること。下落の過程でaやbのレジスタンスラインができたが、ブレイクされたら、新たな高値を起点にラインcを引き直して、トレンドラインを更新していく。

# ◉ 3つのラインで最適な売買判断を下す

世界中のほぼすべてのFX投資家は、「なんとなく」程度かもしれませんが、為替レートの過去の動きを見ています。

そして、無意識のうちに「上がっているな」「下がっているな」「横ばいだな」と感じています。

上がっているなと思う理由は、ダウ先生の教えが示すとおり、過去の高値と安値がどんどん切り上がっているからです。

下がっているなと感じてしまうのは、過去の高値と安値がどんどん切り下がっているからです。

横ばいだなという印象を持つのは、上がったり下がったり、一定の高値と安値の間を行ったり来たりしているからです。

つまり、「なんとなく」上がってる、下がってる、横ばっていると感じる投資家の深層心理には、その根拠になる過去の高値や安値、横ばいで上下動する値動きの上限と下限が意識されています。投資家の意識が密集している価格帯は、その後の値動きにも重要な影響を与えます。

投資家の意識が高いポイントは買い手にとっても売り手にとっても、重要な城、砦、陣地、拠点になるんです。

今後、買い手と売り手の攻防ポイントになりそうな重要拠点を視覚化し、買い手と売り手の攻防を観察することがライン分析の目的です。

チャートに引くラインには、性格や傾きの違いから、次の3つの種類があります。それは、

「ホリゾンタルライン:チャートに水平に引くライン」
「トレンドライン:切り上げた安値同士、または、切り下げた高値同士を結んで引く。通常は角度のある斜めのライン」
「チャネルライン:トレンドラインと平行に引くライン」

市場参加者の心理状態を視覚化して、売買判断や売買ポイント探しを適切に行うためには、この3種類のラインを意識して引くことが大切です。

# ホリゾンタルラインで 「節目」を探れ！

## ◎ 過去の高値、安値は未来の値動きに影響を与える

　ホリゾンタルラインは、チャート上の高値や安値を起点に引く水平のラインです。

　まったく同じレートである必要はありませんが、水平のライン上に2つ以上の高値、2つ以上の安値があると、より投資家に意識されやすく、買い手の目線と売り手の目線が切り替わる分岐点になります。

　たとえば、図4-3の高値のように過去に2度も、ほぼ同じレートで上げ止まっているラインの場合、「ここから上には行かないだろう」という投資家の意識が強くなります。「上がらないなら売って儲けよう」と待ち構えている売り目線の投資家が多いラインとなり、売り手の陣地になります。

　実際に為替レートがそこまで上昇すると、「過去に2度も上げ止まっているし、今回もこれ以上は上がらないだろう」という意識が強くなり、買い手の利益確定売り、新たに参入した売り手の新規売りが出やすくなるので、為替レートの上昇を阻む抵抗線になります。

　逆に図の安値のように過去に2度も、ほぼ同じレートで下げ止まって反転上昇していれば、そのラインは「ここから下には下落しそうもないから、買うか」という、買い目線の投資家が意識しやすい支持線になります。

## ◎ 過去の安値は支持線に、過去の高値は抵抗線に

　過去の安値というのは、そこで為替レートが下げ止まって、上昇に転じた地点です。

　買い手と売り手の攻防で見ると、売り手優勢で下落が続いたものの、その安値に到達したとき、買い手の勢いが売り手をしのいで勝利。一発逆転

**ホリゾンタルラインは、参加者の売買目線の心理的な節目になる**

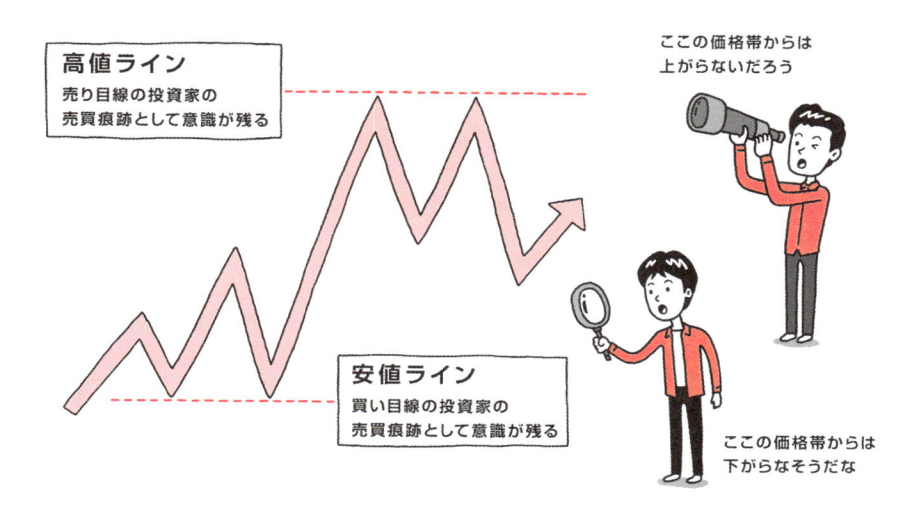

で為替レートが反転上昇したのが過去の安値です。

つまり安値近辺というのは、過去にたくさんの買いが入った地点で、買い目線の参加者の痕跡が残っている場所です。

過去にその安値で買った投資家は、その後、為替レートが安値を更新せずに上昇しているわけですから儲かっていることになります、

現在の投資家からすると「過去にたくさんの投資家が買いを入れて、儲かった地点＝安値」として意識されるため、その後も「そこまで下がれば買いだ」という買い目線で見られやすい場所になります。

その安値近辺まで下がると実際に買いが入って為替レートが上昇しやすくなると、安値を起点に引いたホリゾンタルラインは、為替レートの下落を食い止める「サポートライン（下値支持線）」として意識されるようになります。

反対に、過去の高値近辺は売り注文が密集していて、売り手の売買痕跡がある場所で、その後も投資家からは「ここまで上がったらもう上がらな

いから売りだ」という売り目線で意識されます。

そのため、為替レートの上昇を阻む「レジスタンスライン（上値抵抗線）」になります。

## ◉ ホリゾンタルラインの引き方のコツ

自分は、ホリゾンタルラインは**ローソク足の実体先端（始値・終値）を起点に引くのが基本**です。

ホリゾンタルラインを引くときは、

**「長い時間足→短い時間足の順で引く」**

**「価格が反転しているチャート上の安値や高値のラインを見つける」**

という2つを意識しましょう。

ローソク足チャートには、1ヵ月の値動きが1つのローソク足になった「月足」から1分間の値動きが1つのローソク足になった「1分足」まで、時間軸はさまざまです。

とはいえ、多くの投資家が強く意識しているのは、5分足など短い時間軸よりも日足以上の長い時間軸です。

日足チャートにおける過去の高値や安値は、分足や時間足レベルの値動きにもかなり大きな影響を与えます。

週足や月足チャートレベルで見た過去の高値や安値を為替レートが越えたり割り込んだりするのは、ある意味、「事件」といってもいい瞬間です。

また、同じホリゾンタルラインでも、ライン上に高値や安値が1つだけしかないより、2つ以上の高値や安値が同じ水平線上に並んでいるラインのほうが投資家の意識が密集しやすくなります。

そのため、2つ以上の安値や高値が並んだホリゾンタルラインはより強力な支持線、抵抗線になります。

チャート上の高値や安値なんて投資家の気まぐれでできているように思えますが、実際、長期的なチャートを見ると、**図4-4**のドル円の長期週足チャートのように、たくさんの高値や安値が密集している価格帯が必ずあ

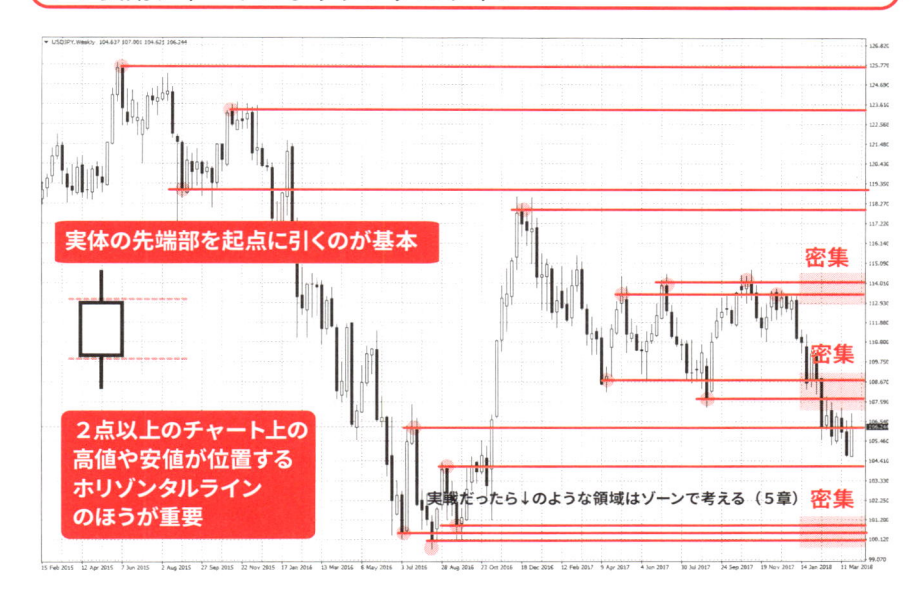

実体の先端部を起点に引くのが基本

２点以上のチャート上の高値や安値が位置するホリゾンタルラインのほうが重要

実戦だったら↓のような領域はゾーンで考える（5章）

密集

るもの。こうした密集地帯はその後も投資家が意識しやすい攻防ラインになるので、ホリゾンタルラインを引いて、投資家の意識を集めそうなラインがどこかを探すことが大切です。

## ⊚ ブレイクによるラインの逆転現象

　これはホリゾンタルラインだけでなく、すべてのラインにいえることですが、ラインは一度抜けると投資家の目線が切り替わる地点でもあります。
　結論から先にいうと、
　「為替レートの下落を食い止めていた支持線が破られて下に抜けると、その支持線はその後、抵抗線として意識されやすい」
　反対に、「為替レートの上昇を阻んできた抵抗線が破られて上に抜けると、その抵抗線はその後、支持線として機能しやすい」
　という法則のようなものが成り立ちます。

なぜ、そうなるか、を買い手と売り手の心理劇で解説しましょう。

　過去に下げ止まった安値は、

「そこまで下がるとまた下げ止まって上昇する」

　という買い目線の投資家の買いが、入りやすい地点でした。

　しかし、その後、為替レートが上昇に転じないと、

「買ったレートより下がって含み損になった。これは撤退しなきゃ」

　と、買い手の意識が弱気に変化します。

　過去に買い手が勝利して、上昇に転じていた支持線を為替レートが割り込んでしまうと、今度は、

「買い手もしっぽを巻いて逃げ出したみたいだし、上がりそうにもないな。試しに売ってみるか」

　という売り目線の投資家がじわじわ増えてきて、売り手の勢いが強くなります。そのため、これまで下落を食い止めてきたサポートライン（下値支持線）を割り込むと、為替レートは急落しやすくなるのです。

　その後、かつての支持線は、

「ここまで上がると売りがわいてきて、為替レートが下がりやすい」

　という売り手サイドの陣地＝抵抗線として意識され、そこまで上昇すると実際に新たな売りが出るせいで、為替レートが下落しやすくなるのです。

　過去の高値や安値というのは、過去に買い手と売り手がガチンコで戦って、買い手優勢だったのに売り手が逆転勝利（高値）、売り手優勢だったのに買い手が逆転勝利（安値）して占領した陣地や砦みたいなものです。

　シミュレーションゲームの『三国志』や『織田信長の野望』をやった人ならイメージしやすいかもしれませんね。

　買い手と売り手の攻防は城（陣地）の奪い合いみたいなもので、**買い手側の陣地だった城から買い手が逃げだして、売り手が占領すると、今度は売り手側の陣地に早変わり**するわけです。

　または、オセロのようにコマをひっくり返されるイメージ、といってもよいでしょう。

# ⊚ ギチギチorスカスカで強弱は異なる

　チャート上に水平のラインを引いてみると、不思議と高値や安値が密集してラインがギチギチと混雑しているところと、逆にラインがあまりなくてスカスカのところが出てきます。

　ラインがごちゃごちゃしているところは、過去に買い手と売り手の間でたくさんの攻防があった価格帯で、過去の支持帯が抵抗帯に変わったり、その逆が起こったりしていて、その後も為替レートがもみ合ったり、反転することが多くなります。逆に、相場の山や谷になった高値や安値があまりなく、ホリゾンタルラインが引けない**空白のゾーンは、これまで買い手と売り手の攻防があまり起こっていないので、相場も一方通行で動きやすい傾向**があります。図4-5はポンド円の日足チャートですが、高値や安値が2つ以上あるホリゾンタルラインを引くと、その傾向がわかります。

## 4-5　ホリゾンタルラインの空白地帯と値動き

ラインが集まった価格帯に注目
ラインの密集地帯ではもみ合いが多く
空白地帯では急騰、急落が多くなる

空白

密集地帯のライン

空白

## ◉ 為替相場はレンジ7割、トレンド3割

　為替相場には上か下か、一方向に向かって動くトレンド相場と、上がったり下がったり上下動を繰り返すレンジ相場があります。

　どっちが多いか数えたことはないですが、僕の実感からいうと、

**「レンジ相場7割、トレンド相場3割」**

といったところでしょうか。

　FXの一番の稼ぎどころは、上でも下でもいいですが、強いトレンドが出ている相場で、そのトレンドの方向性に順張りで乗って儲けます。

　とはいえ、為替レートが上に行くか下に行くかはっきりせず、行ったり来たりを繰り返すレンジ相場でも稼げるようにならないと、毎月コンスタントに利益を上げることはできません。

　レンジ相場では、上限となる高値同士、下限となる安値同士を結んだラインが水平なホリゾンタルラインになるケースが多くなります。

　為替レートがレンジ相場を続ける限り、

「高値同士を結んだホリゾンタルラインまで上昇して、そこを突き抜けることができずに下落したら売り」

「安値を結んだホリゾンタルラインまで下落したあと上昇に転じたら買い」

　という取引を続けると、コツコツ利益を上げることができます。

　為替レートの値動きが上下に引いたホリゾンタルラインの間で上下動していることに気づいたら、「上がったら売り、下がったら買い」という逆張りの売買戦略で臨みましょう。

　ただ、**トレンド相場は順張り、レンジ相場は逆張りと、売買戦略が180度異なるので、「今がトレンド相場か、レンジ相場か」の判断が生死を分けるポイント**になります。

　その判断を正確に行うために使うライン分析が、次に見る「トレンドライン」になります。

# トレンドラインで
# 方向性と角度をあぶり出す

## ⊚ 右肩上がり、右肩下がりの角度を見る

　過去の高値や安値を起点に、値動きに対して水平に引くホリゾンタルラインは、投資家が意識している為替レートの価格帯をビジュアル化するものでした。

　それに対して、トレンドラインは値動きの中にできた**切り下げた過去の高値2点、切り上げた安値2点同士を結ぶ**ことで、投資家が意識している現在のトレンドの方向性や角度をあぶりだす線になります。

　図4-6のように、現状と同じ方向性、同じ角度のトレンドが続いて、為替レートが今後もトレンドラインの内側に収まるはずと想定できれば、売

> **4-6　トレンドラインの引き方と値動きのイメージ**

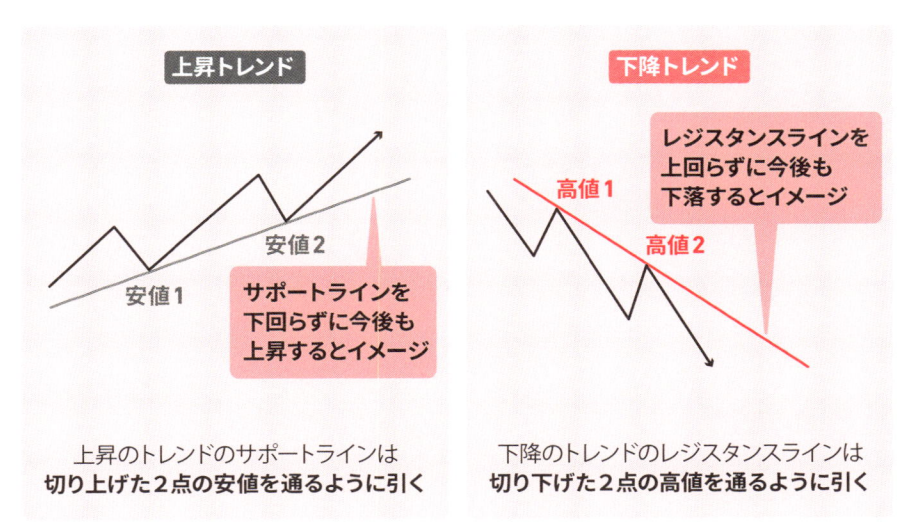

**上昇トレンド**

安値2

安値1

サポートラインを
下回らずに今後も
上昇するとイメージ

**下降トレンド**

レジスタンスラインを
上回らずに今後も
下落するとイメージ

高値1

高値2

上昇のトレンドのサポートラインは
**切り上げた2点の安値を通るように引く**

下降のトレンドのレジスタンスラインは
**切り下げた2点の高値を通るように引く**

**トレンドラインは2点の安値、高値があれば引ける**

買戦略も格段に立てやすくなります。

　上昇トレンドの場合、高値はともかく、安値が切り上がっていく限り、トレンドが継続するので、**2点の安値同士を結んだサポートラインが重要**になります。

　というのも、為替レートがレジスタンスラインを突き破って上昇しても、単に上昇の勢いが加速しただけですが、サポートラインを割り込んで下落した場合、上昇トレンド自体が終焉を迎え、トレンド転換が起こった可能性が高まるからです。

　上昇トレンドのサポートラインでは、安値の切り上げ角度が買い目線の投資家が意識する売買痕跡となり、その延長線のラインも当然、意識されます。こうしたサポートライン上の安値まで為替レートが下がったときに、「今回もサポートライン近辺で下げ止まって反転上昇するだろう。下落して価格も安くなってお買い得だし…」

　と買いを入れることを**「押し目買い」**といい、上昇トレンドにおける最も重要な売買戦略になります。

　逆に、下降トレンドは高値をどんどん切り下げていく値動きなので、**2点の高値が通るように引いたレジスタンスラインが重要**で、サポートラインはあまり引きません。

　こちらも高値の切り下げ角度に投資家の意識が集まり、角度が急なときは強いトレンド、ゆるやかなときは弱いトレンドというように、**「ラインの角度＝トレンドの強弱」**になります。

　為替レートがレジスタンスライン近辺まで上昇後に反転失速したところを狙う売りは**「戻り売り」**と呼ばれ、下降トレンドで最も重要な売買戦略になります。

## ◉ 急角度のトレンドラインは賞味期限が短い

　ちなみに角度が急すぎる値動きというのは、それ自体が1つの「急騰局面」や「暴落局面」を示しています。

角度が急なので当然、勢いも強いのですが、多くの投資家は値動きが急すぎて、そのトレンドについてこれていない状況です。

　そのため、角度が急すぎるトレンドラインはすぐに、その外側に為替レートがはみ出してしまいやすく、**トレンドラインとしての賞味期限が短くなります。**

　一方、角度のゆるやかなトレンドラインは、ひと呼吸置いて押し目買いや戻り売りがしやすく、そのトレンドに追随して売買する投資家の数も多くなりがちです。賞味期限も比較的長くなり、長期間にわたってサポートラインやレジスタンスラインとして機能することになります。

　たとえば上昇トレンドの場合、新規の買い手参入で上昇→既存の買い手が利益確定することで下落→新たな買い手参入で再上昇というリズムがゆるやかでわかりやすいため、多くの投資家がトレンドのスピードや上下動のリズムに乗って売買しやすいわけです。

**「角度の急なトレンドライン=長くは続かず継続性がない」、**

## 4-7　トレンドラインは角度のゆるやかなほうが重要

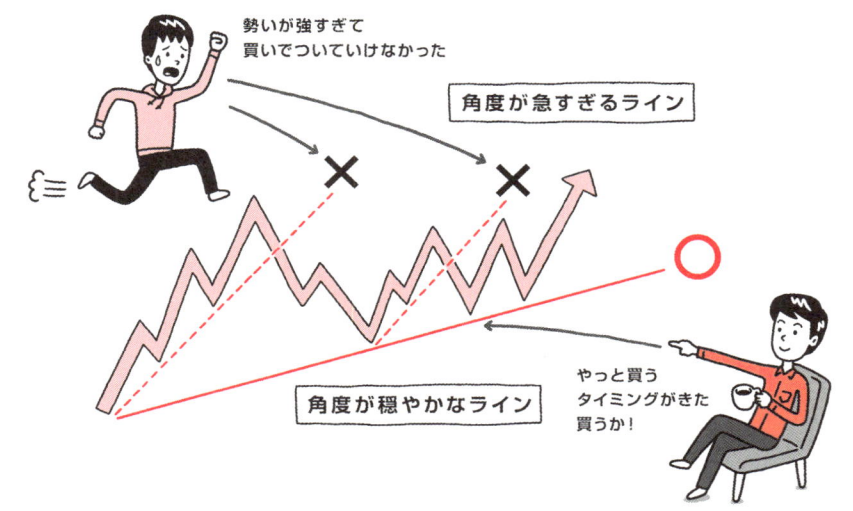

勢いが強すぎて
買いでついていけなかった

**角度が急すぎるライン**

**角度が穏やかなライン**

やっと買う
タイミングがきた
買うか！

**トレンドラインは、ゆるやかな角度のほうが継続性が高い**

「**角度のゆるやかなトレンドライン＝ブレイクされにくく、継続性がある
ので長期間、意識されやすい**」という点に注目して、トレンドラインの賞
味期限を判断しましょう（図4-7）。

## ◉ 長い時間軸のトレンドラインが大切

　当然ですが、トレンドラインは長い時間軸のラインのほうが、より投資
家に意識されやすくなります。

　たとえば5分足チャートでは下降トレンドが鮮明でも、1時間足チャー
トで見ると、それは長期的な上昇の中の一時的な下げ局面に過ぎない、と
いった場合が実戦ではよく出てきます。

　短い時間足で下降トレンドのレジスタンスラインが引けたとしても、長
い時間足でそのラインを見ると、角度が急すぎて、いつブレイクされても
おかしくない場合、ラインとしての継続性は短くなってしまいます。

　では、短い時間軸のトレンドが重要ではないかというと、そうではあり
ません。

　長い時間軸のトレンドと短い時間軸のトレンドが同じ方向性のときは、
そのトレンドに乗って稼ぐ絶好のチャンスになります。

　たとえば、1時間足チャートで右肩上がりの上昇トレンドが続いている
とき、5分足チャートでも同じように右肩上がりのサポートライン上を為
替レートが上昇していたら、その際できたサポートライン近辺では多くの
投資家が押し目買いを狙うはずです。

　長い足ですでに明確なトレンドが出て、多くの投資家が「買ってやろう」
と控えているため、短い時間足のサポートライン近辺まで為替レートが下
がると、投資家の買い目線が強くなるわけです。

「長い時間足で明確なトレンドが出ている→短い足でそれと同じ方向性の
トレンドが出たら、その流れに乗る」

　という戦略は、順張りトレンドフォロースタイルのトレーダーが好むや
り方です。

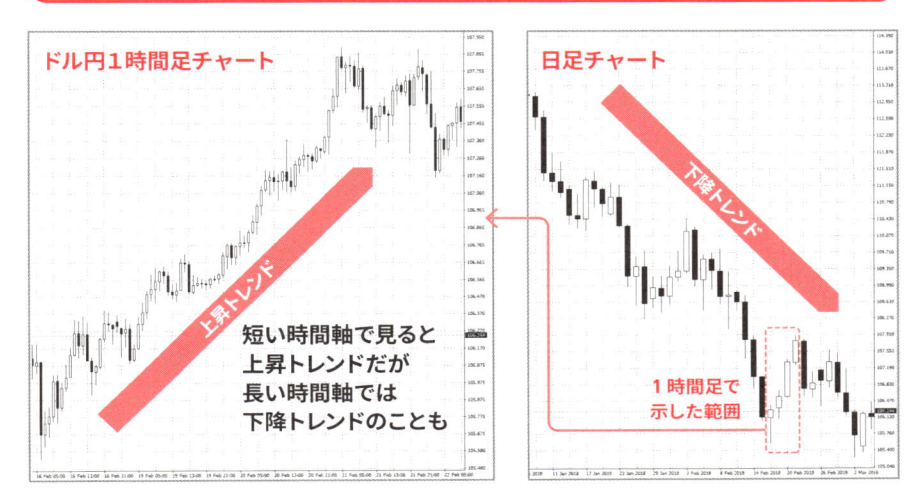

**自分が取引する時間軸より長い時間軸のチャートも見て
大きなトレンドに沿った取引を心がける**

　為替レートのトレンドを見るときは、**自分が売買する時間軸だけでなく、それよりも長い時間軸も必ず見て、両方のトレンドがそろっているかいないか**をたえず確かめておくことが大切なのです。

## ◉ トレンドラインのブレイク！　転換or回帰？

　上昇トレンドのサポート役になったり、下降トレンドのレジスタンス役になってきたトレンドラインもいつかは使い物にならなくなります。

　それが、トレンドラインのブレイクです。

　それまでトレンドラインによって守られていた値動きが、トレンドラインの外側に抜け出してしまう、つまりブレイクされてしまうと、その**トレンドラインによって強化されてきた投資家の買いや売り目線の意識はガクンと弱く**なってしまいます。

　たとえば、上昇トレンドのサポートラインがブレイクされたら、

「買いの勢いは弱くなるかな」

と判断するのが妥当です。

ただし、より下値にある安値を起点にした、より角度のゆるやかなサポートラインBが控えているような場合は、Bが示す角度や方向性を意識してきた買い目線の投資家も一定数いる状況なので、上昇トレンドがすぐに終了するわけではありません。

また、いったん上昇トレンドのサポートラインがブレイクされても、その後にできた安値を新たな起点にして、よりゆるやかな上昇トレンドが続くことも頻繁に起こります。

この場合、上昇の勢いは弱まりますが、まだまだ上昇トレンドが継続している状態です。

トレンドラインがブレイクされてトレンド転換が起こるか、それともブレイクがダマシに終わって再び元のトレンド方向に回帰するか、こればっかりはなかなか判断がつきません。

「それじゃあ、意味ないじゃん」という声も聞こえてきそうですが、100％確実なものなんて何もないのが、為替レートの値動きというもの。

トレンドラインがブレイクされた直後は、多くの投資家が、「為替レートが再びトレンド方向に回帰するか、それともトレンド転換が起こるか」を固唾を飲んで待ち構えている状況です。

つまり、**どちらか一方に転ぶと、雪崩を打ってその方向に向かうことが多い**ので、どちらに転ぶか注意深く観察して、転んだほうに素早く乗れるように準備しておきましょう。

当然、試しにどちらかに乗ってみて、その方向が間違いだったら躊躇なく損切りして、反対方向にドテンする裏切り戦略も「あり！」です。

## ◉ 野田式エントリーポイントはリターンムーブ

「トレンドラインがブレイクされたからトレンド転換」

というのは、ライン分析の売買判断の基本中の基本なんですが、ダマシ

も結構あって、

「ブレイクされたから、即、その方向にエントリー」

という売買判断だと痛い目にあうことも多いのが現実です。

たとえば、上昇トレンドの安値同士を結んだサポートラインがブレイクされた直後に、「トレンド転換なので売りだ」と判断して売りを入れると、その後、トレンドラインの少し外側で反転上昇して、再び上昇トレンドに回帰する流れが頻繁に起こります。

僕自身はどうかというと、トレンドラインのブレイクにはダマシが多いこともあり、単純なブレイクではエントリーしません。「次、どうなるか」をしっかり観察するようにしています。

僕がブレイク後のエントリーポイントとして虎視眈々と狙うのは、トレンドラインがブレイクされたあと、いったんトレンド方向に為替レートが回帰したものの、トレンドライン近辺でまたもや反転した瞬間です。

**図4-9**のような動きは「**リターンムーブ**」と呼ばれていて、**野田式FX**

## 4-9 野田式FXの狙い目・リターンムーブとは何か？

**リターンムーブ** ブレイクされたサポートラインがレジスタンスラインになって再下落、レジスタンスラインがサポートラインになって再上昇する値動き
＝野田式FXでは一番のエントリーポイント

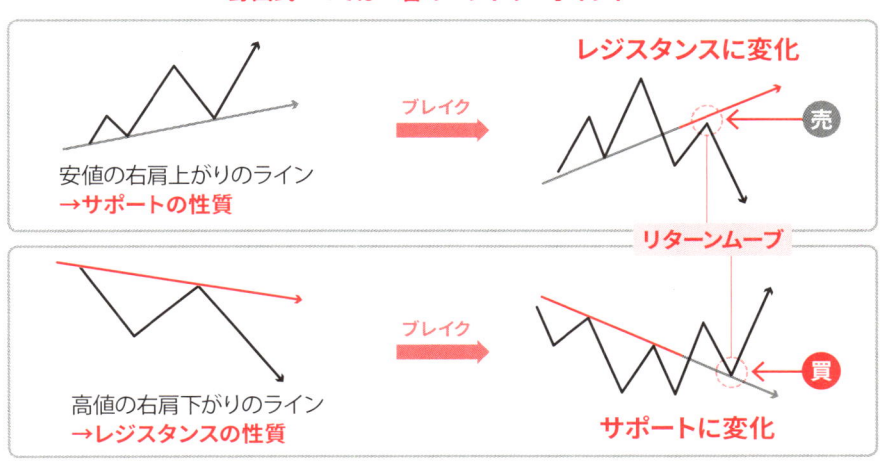

の肝中の肝といえる売買ポイントなんです。

　図のように、上昇トレンドのサポートラインがいったんブレイクされて下落したあと、再度上昇に転じたものの、それまでのサポートラインが今度はレジスタンスライン（抵抗帯）に早変わりして、再び下落していくパターンです。

　この**N字型の上下動がトレンドラインを挟んで起こると、トレンド転換が起こった可能性が非常に高くなる**というのが僕の実感です。

　「トレンド転換に便乗するなら、リターンムーブが起こるまで待て」

　というのが野田式FXの鉄則といってもいいぐらいなんです。

　上昇トレンドのサポートラインに対するリターンムーブの場合、いったんラインが下にブレイクされたあと、まずは買い目線の投資家が、

　「ラインはブレイクされたけど、まだまだ反転上昇しそう。割安で買えるチャンスだし、ここは買いを入れてみよう」

　と新たに参入することで、為替レートが再び上昇に転じます。

　しかし、サポートライン近辺で買っていた投資家にしてみれば、ポジションはすでに含み損になっていて、

　「トレンドラインを割り込んでしまったから、早く撤退しなきゃ」

　という意識で、為替レートの戻りを待っている状況です。そのため、上昇するにしたがって買い手の決済売り圧力がじわじわと高まってきます。

　そんな買い手サイドの事情を見て、

　「これまでの上昇トレンドで買った人が徹底し始めているようだから、試しに売ってみるか」

　と新たな売り手が登場すると、従来のサポートライン近辺では、撤退する買い手の決済売りと新たに参入してきた売り手の新規売りがわいて出てくることになります。

　いわば、これまでのサポートラインが戻り売りを誘うレジスタンスラインに早変わりした瞬間が、リターンムーブの始まりです。

　その後、かつてのサポートラインが逆にレジスタンスラインに180度転換したことが投資家たちに知れ渡ると、売りが売りを呼ぶ売り手圧勝の展

開になって、トレンド転換が起こり、一転して下降トレンドが生まれることになるのです。**トレンド転換の初動段階で起こる、勝ち組と負け組プレイヤーの攻守逆転劇がリターンムーブの真相**といえるでしょう。

このリターンムーブの動きは単純なトレンドラインのブレイク以上に、トレンド転換の確率が高くなるので実戦でも非常によく使えます。

図4-10 はその実戦例ですが、トレンドラインというのはなかなかすっきり、一直線で突き破られることは少なく、ライン上でNの字の「行きつ戻りつ」を1回挟んでブレイクされることが非常に多いんです。

リターンムーブを定義すると、従来のトレンドラインを目安にエントリーしていたプレイヤーが撤退する動きのあとに、反対勢力のプレイヤーが出現する動き、ということになります。

既存勢力の撤退だけでなく、新勢力の登場を確認したうえでエントリーできるので、高精度でトレンド転換をとらえた取引が可能になるのです。

## 4-10 リターンムーブの実戦例

**多少の誤差はあるものの、ラインがブレイクされるときには
リターンムーブが起こりやすく、エントリーポイントに最適**

# チャネルラインで
# 値幅と角度がよりクッキリ！

## ◉ トレンドラインを平行移動したラインが
## 　チャネルライン

　チャート上にラインを引く意味は、ラインを引くことで値動きがその中に収まるよう視覚化することにあります。

　そこで、**現状の為替レートがどれぐらいの値幅間をどれぐらいの角度で値動きしているかを視覚化するために引くのが、トレンドラインを平行移動させた「チャネルライン」**です。

　チャネルは「水路」の意味で、いわば値動きの流れを示したもの。

　上昇トレンドのときは、安値同士を結んだサポートラインを、上昇トレンドの過程でできた高値のどれかに合わせて平行移動させると、**これまでの値動きが内側にすっぽり収まる**ようなチャネルラインが引けます。

　チャネルラインではなく、切り上がった高値2点を結んだレジスタンスラインを引くこともできますが、同じトレンドラインといっても、サポートラインとレジスタンスラインの角度が違うと、今後、為替レートがどの方向に向かうのかイメージしづらくなります。

　上昇トレンドなら、切り上げた安値同士を結んだサポートラインを高値に合わせて平行移動、下降トレンドなら切り下げた高値同士を結んだレジスタンスラインを直近の安値に合わせて平行移動したチャネルラインを引くことで、トレンドの角度や値動きの振幅をよりすっきりと意識できるのが、トレンドラインとセットでチャネルラインを引くメリットになります。

　図4-11、図4-12にそれぞれ上昇トレンド時、下降トレンド時のチャネルラインの引き方を示しました。①が最初に引いたライン、②がトレンドの推移に合わせて引き直したラインです。

　トレンドラインとチャネルラインの2本の線のおかげで、値動きの推移

した角度や値幅が非常にわかりやすくビジュアル化され「トレンドがどれぐらい急激だったか、ゆるやかだったか」「トレンドの振幅（値幅）がどれぐらい大きかったか小さかったか」がよくわかります。

現状のトレンドが続く限り、為替レートは2本の平行線の内側で推移するはずですし、もし2本の線を突き破る動きが起これば、これまでのトレンドの加速や新たなトレンドの発生シグナルと見なすことができます。

為替レートはどんなトレンドのときも上がったり下がったり、上下動を繰り返しますが、その上下動の値幅を意識するために引くのがチャネルラインの一番の目的です。

**チャネルラインを引くと、投資家が意識している値動きの上下動のリズムや今後の目標レートを意識する**ことができるようになります。

## ◉チャネルラインも角度が大切

チャネルラインもトレンドライン同様、あまりに角度が急すぎると、すぐにブレイクされてしまうので継続性がありません。

なるべく角度がゆるやかなチャネルラインのほうが継続性が高いため、投資家に意識されやすくなります。

トレンドライン同様、チャネルラインでも細かい上下動をいちいちフォローしてラインを引いても、あまり意味がありません。

より大局的な上下動に注目して、より大きな値幅を意識できるラインを引いたほうが、為替レートの値動き全体が向かっている、ゆるやかな方向性や角度をより鮮明に、くっきり、はっきり意識することができます。

とにかくライン分析というのは、投資家が値動きに対して持っている意識をあぶりだすためのもの。

だからこそ、角度がゆるやかで、値動きがその外側に一度もはみ出したことがないトレンドライン、チャネルラインを引くことが大切なのです。

むろん、あまりに現在の値動きから離れたところにラインを引いても、当面は意味がありません。

なぜなら、**投資家は現在の為替レートの近くにあるトレンドラインや過去の高値・安値を意識する**ことが多いからです。

「今、投資家の間で争点になっているラインはどれか？」

直近の値動きをイメージするうえで、投資家たちの関心の的になっているラインを引くことを心がけましょう。

## ◉ チャネルラインは利益確定ポイントになりやすい

チャネルラインを引く大きな意義は、**投資家が抱く為替レートの目標高値や目標安値をある程度イメージできる**ことです。

上昇トレンドの場合、買い手は「このあたりまで上昇するかもしれない」という目標高値を想定しながら買いポジションを保有しています。

その際、サポートラインを高値に合わせて平行移動したチャネルラインは、それまで続いてきた上昇トレンドの角度で見た場合の値動きの上限になります。

「もしこれまでの上昇トレンドの勢いが継続するなら、このあたりでいったん下げそうだから利益確定だな」と考える買い手も多いため、**為替レートがチャネルライン近辺まで上昇すると、目標達成ということで利益確定の売りが入りやすくなります。**そのため、チャネルラインがある種の抵抗帯となり、為替レートが下落しやすくなるのです。

その意味では、「**切り下げた２点の高値で引いた下降トレンドのレジスタンスライン」のような機能もあるように思うかもしれませんが、それは間違い**です。

上昇トレンドのチャネルラインはあくまで買いで勝負した人が利益確定の目標にしているポイントで、

「為替レートが抵抗帯に達したから、売りで勝負しょう」

という、新たな売り手がわいてくるポイントではありません。そのため、**上昇を阻む抵抗力は、下降トレンドのレジスタンスラインに比べれば格段に弱くなります。**

## 4-13 チャネルラインの支持・抵抗力は弱い

### チャネルラインのサポート・レジスタンスの性質は弱い

**❶** 安値の右肩上がりのラインは新規買いの目安になる → **サポートの性質**
（上昇トレンドライン）

**❷** 高値の右肩上がりのラインは利益確定売りの目安になる ≠ **レジスタンスの性質**
（チャネルライン）

**❸** チャネルラインをブレイクしたらラインの性質も変化するが力は強くない

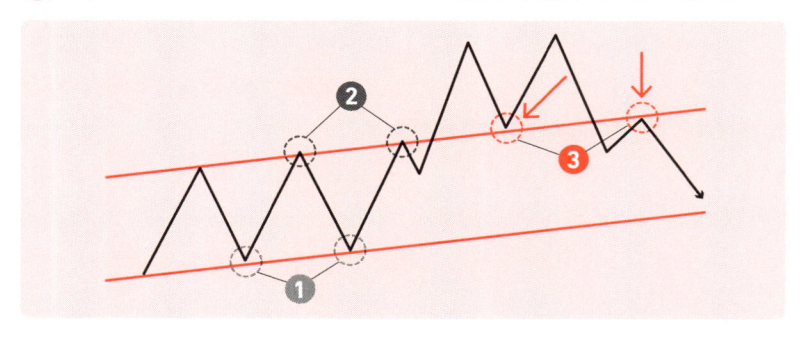

# ◎ チャネルラインのブレイクはトレンド加速シグナル

トレンドラインは、そのラインがブレイクされると、これまでのトレンドが180度転換するので、売り手と買い手の力関係や目線が大転換するポイントとして非常に重要です。

それに比べると、チャネルラインはトレンドラインを平行移動しただけの線で、そこをブレイクしたからといって、投資家の目線が大きく切り替わることはありません。

上昇トレンドのチャネルラインブレイクは、これまでの上昇角度を飛び越えて、高値ラインを突破したわけですから、上昇トレンドにさらに拍車がかかった瞬間になります。

一方、下降トレンドのチャネルラインブレイクは安値ラインのブレイクなので下降の勢いが強まった証拠です。

つまり、「**チャネルラインのブレイク=トレンド加速**」**シグナル**になる

ので、その流れに飛び乗って追随買いや追随売りを入れるチャンスになることもあります

　上昇チャネルラインがブレイクされたときは、さらに上昇する傾向も強くなります。必ずしもそうならない場合も多いですが、チャネルラインをブレイクしたあとは、いったんそのチャンネルラインがサポートラインのようなものとして意識されやすくなります。

　逆に下降チャネルラインがブレイクされたときは、いったんチャネルラインがその後の値動きに対して、サポートラインのようなものとして意識されやすくなります。

## ◉ チャネルラインのブレイクの一例

　トレンドというのは、一定期間を経ると、必ず逆方向の新たなトレンドへの転換が起こります。

　トレンド転換が起こるときには、上昇トレンドならサポートライン割れ、下降トレンドならレジスタンス越えというトレンドラインのブレイクが必ず発生します。その後、先ほど見たリターンムーブの動きが起これば、本格的なトレンド転換の完成です。

　それに対して、先述のとおり**チャネルラインのブレイクはこれまで続いてきたトレンドがさらに加速する瞬間**になります。

　たとえば上昇トレンドの場合、「下がったら買う」投資家だけでなく、「上がっても買う」というイケイケドンドンの買い手が登場すると、チャネルラインをブレイクするような動きが出てきます。

　でも、イケイケドンドンのお調子者って、アテにならない、気まぐれな面もありますよね。

　そのため、チャネルラインを越えて、いったんトレンドが加速しても、その後、再びチャネルラインの内側に舞い戻ってしまうことも多発します。チャネルラインのブレイクが起こると、相場が乱高下しやすくなるのもそのせいです。

同じラインでも、チャネルラインにはトレンドラインほど抵抗力・支持力はないので、**ブレイクを繰り返すことで、買い手と売り手の力関係が一時的に逆転することも多い**のです。

　図**4-14**はドル円の値動きですが、A・上昇トレンドのサポートラインがブレイクされて下降トレンドに転換→B・下降トレンドのチャネルラインを越えてトレンドが加速→C・しかし、再びチャネルラインが上方向にブレイクされて短期急騰、という値動きが起こっています。

　チャネルラインをまたぐ形で起こるトレンド加速や、加速したトレンドの揺り戻しは、本格的なトレンドの転換ではないですが、トレンド継続中に起こる大きな値動きになります。

　それはそれで短期的に利益を上げやすい売買ポイントになるので、チャネルラインを越えたり割り込んだりする値動きも果敢に狙っていきましょう。

## 4-14　チャネルラインをめぐるトレンド加速・揺り戻しの例

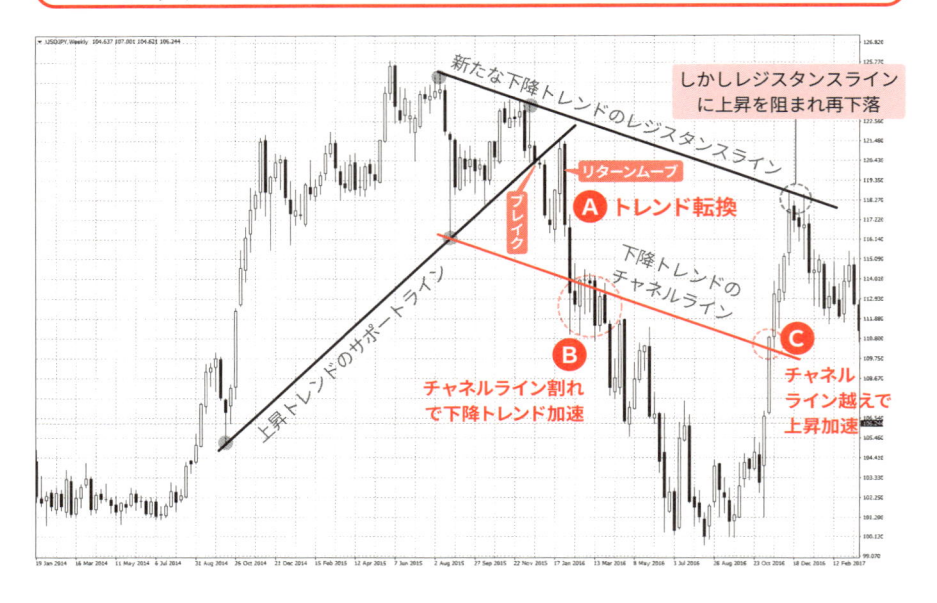

# 第5章

## 秘伝公開！
## 野田式ゾーン分析

# 誰も気づかなかった野田式「ゾーン」

## ◉ ラインの欠点を補う秘策があった！

　為替レートの値動きは買い手と売り手の戦いで生まれます。その際、両者の陣地になるのがホリゾンタルラインやトレンドラインです。

「ラインがブレイクされずに守られれば、これまでのトレンドは継続するので従来のトレンドをフォローするような取引を行う」、

「ラインがブレイクされて破られれば、トレンドが転換して新たなトレンドが生まれたと考えてその流れに乗る」、

　というのが、ライン分析を使った売買戦略の基本になります。

　しかし、どんなテクニカル分析にもダマシがあります。

5-1　トレンドラインにありがちなダマシ

**上昇トレンドの転換はダマシか本当か？**

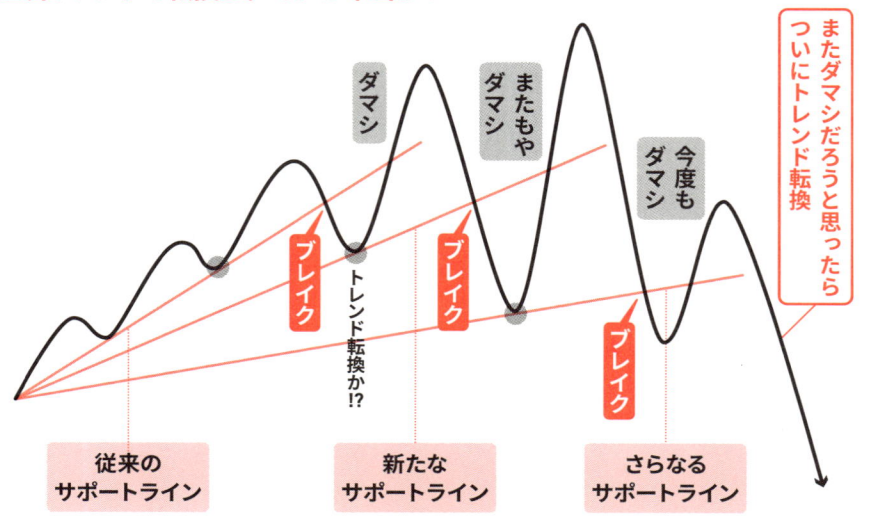

トレンドラインを使った売買判断では、図5-1のようにサポートラインがブレイクされたと思って売ったら、また反転上昇して、これまでのラインの内側に戻り、上昇トレンドが続いてダマされた、ということがしばしば起こります。

　この場合、ブレイクはダマシで、新しくできた安値を起点にした、より角度のゆるやかなサポートラインに沿って上昇トレンドが続くことになります。

　そんなダマシに何度もあって、

　「今回もダマシだろう」

　と、タカをくくって様子見していたら、そんなときに限って、一気にズドンと下がってしまうこともよくあります。

　ダマシのないテクニカル指標などこの世にはなく、ライン分析も例外ではありません。ダマシについては、

　「どうか当たるまで、懲りずにダマされてください」

　と言うほかありません。

　ダマシのないテクニカル指標や売買シグナルを探し求めてもムダです。

　それよりも、ダマシにあったとき、いかに傷が深くならないうちに損切りできるかを考えたほうがはるかにマシです。

　とはいえ、ライン分析を売買判断の一番大きな基準にしていた僕も、

　「トレンドラインのダマシってなんとかならないもんかな〜」

　と、真剣に考えました。そして、ダマシにあったときに反省したり、過去の値動きの検証を行っていくうちに、トレンドラインのダマシを回避する、とっておきの方法を見つけたんです！

　それが100％オリジナルと自信を持っていえる「ゾーン」の考え方です。**ラインという1本の線でなく、ゾーンという「面」で支持帯・抵抗帯を示したら、ダマシを回避できる**んじゃないか、と。

　「秘伝」というのは少しおこがましいかもしれませんが、トレンドラインのダマシを回避する、かなり有効な方法なんです。

# ⊙「線」ではなく「面」で捉え、ダマシを回避せよ！

　通常のライン分析では、基本、上ヒゲや下ヒゲを起点にしてラインを引きます。

　でも、上ヒゲ、下ヒゲだと実体部分からかなり大きく離れている場合もあって、引いたラインが実体部分の値動きから大きくズレていたり、突出したヒゲの先端同士を結ぶせいで、ラインの角度がゆるやかになりすぎたり、逆に急角度になるケースも多発します。

　一方、ラインをローソクの実体部分の上辺や下辺に合わせて引くやり方もありますが、そうなるとヒゲが示す高値や安値を無視することになってしまいます。

「だったら2本いっぺんに引いちゃったらいいんじゃない？」

　と僕は考えました。

　つまり、同じトレンドラインでも、**領域を広げ「サポートゾーン」「レジスタンスゾーン」と考える**と、ダマシ克服にも役立つんじゃないか、と。

　これが野田式「ゾーン」の発想です。

　すでに世界中のどこかで誰かが気づいていたのかもしれませんが、誰にも教わることなく自分自身で編み出した手法なので、**「秘伝・野田式」**と名付けさせてもらいます。

　ラインではなく「ゾーン」を使うメリットは、抵抗線や支持線を、抵抗ゾーン、支持ゾーンという幅のある領域で見ることで、ゾーンが守られるかブレイクされるか、ブレイクされたように見えてまた戻るか、といった判断をより高精度に行える点にあります。

「ゾーン」引き方の基本は図5-2のとおり、ヒゲとヒゲで結んだトレンドラインを始点の実体先端に平行移動させた線を引きます。図5-3のように実体と実体→ヒゲの引き方もありますが、基本はヒゲとヒゲ→実体に平行移動です。

　他にも図5-4のようにヒゲとヒゲ、実体と実体を結ぶラインを引き、ゾーンを形成することもできます。ただし、初心者の方は「こういう引き方も

## 5-2 ゾーンの引き方α（ヒゲとヒゲのライン→始点の実体に平行移動）

ヒゲとヒゲで線を引く。その線を平行移動し、
ローソク足の実体の先端部分（始値・終値）に合わせる。

上昇トレンドのサポートラインの場合

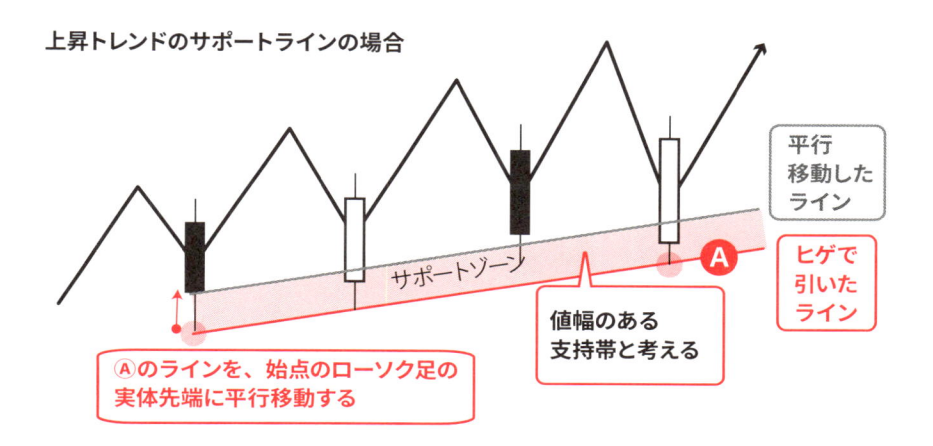

## 5-3 ゾーンの引き方β（実体と実体のライン→始点のヒゲに平行移動）

実体先端（始値・終値）と実体先端で線を引く。
その線を平行移動し、ローソク足のヒゲに合わせる

下降トレンドのレジスタンスラインの場合

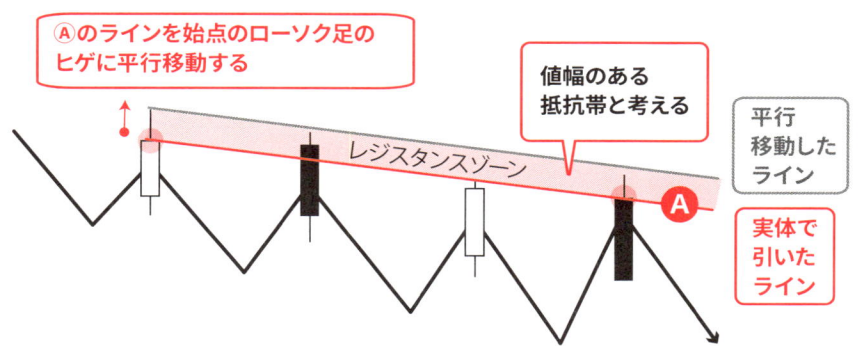

αとβどちらも同じようなゾーンになることが多いが、基本はα

ヒゲとヒゲ、実体と実体を結ぶ線を引く。

**上昇トレンドのサポートラインの場合**

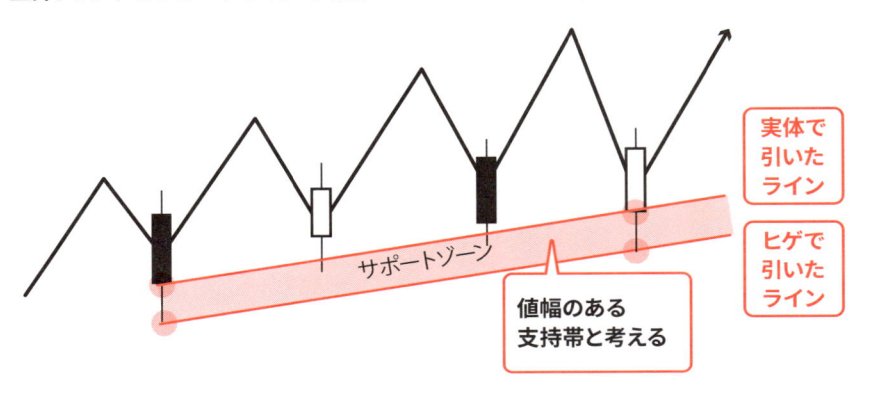

実体で
引いた
ライン

ヒゲで
引いた
ライン

サポートゾーン

値幅のある
支持帯と考える

ある」くらいの認識でまだ大丈夫です。そうすると、

○ヒゲとヒゲのライン、そのラインを始点実体まで平行移動させた線で囲まれたゾーン（α<sub>アルファ</sub>）

○実体と実体でライン、そのラインを始点ヒゲまで平行移動させた線で囲まれたゾーン（β<sub>ベーター</sub>）

○ヒゲとヒゲのラインと実体と実体のラインで囲まれたゾーン（γ<sub>ガンマ</sub>）

という3つのゾーンを作ることができます。

　すべてを引くと、めちゃくちゃゴチャゴチャするので、その3つのうち、**今の為替レートの値動きが、より、すっぽりと内側に収まり、数多くの高値や安値が通るラインを一番強く意識する**ようにしましょう。

　ただ、どのゾーンが適当かは「トレーダー次第」としかいえません。

　たとえば、資金に余裕がある人は、幅広いゾーンを取ってもよいかもしれませんが、資金カツカツでトレードしている人が、幅広くゾーンを取ると、ゾーン内での値動きでも強制ロスカットを食らうかもしれません。

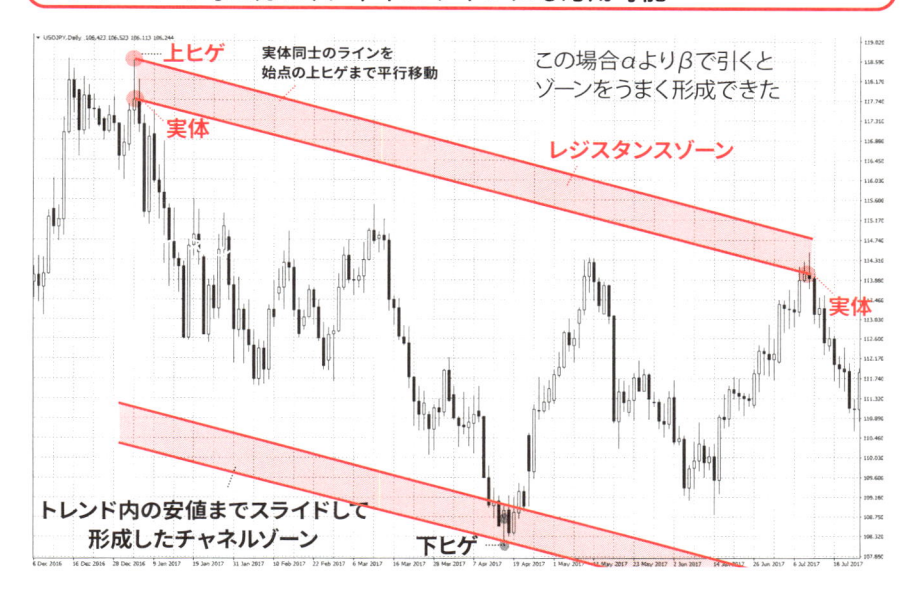

ケースバイケースですが、僕の場合、やたら広いゾーンは避けるように
しています。初心者の方も、ゾーンの取り方で迷ったら、明確な意図がな
い限り、狭いほうを選択してよいと思います。

ちなみに**チャート上の実体と実体でラインを結ぶときは、いったん
チャートの表示形式を「ラインチャート」に切り替えると引きやすい**です。

## ◉ チャネルゾーン作成のマイ・ルール

ここで、実戦で引いたゾーンを紹介しましょう。図5-5はドル円の日足
チャートですが、βの引き方でレジスタンスゾーンを形成しました。ゾー
ンの性質はラインと大きく変わるわけではないので、チャネルゾーン、ホ
リゾンタルゾーンを形成することも可能です。ここでは、チャネルゾーン
を引いてみました。チャネルゾーンの引き方は

①**サポート（レジスタンス）ゾーンをトレンド内の高値（安値）まで、同**

じ値幅のまま平行移動させる、

②サポート（レジスタンス）ラインを、トレンド内の高値（安値）まで平行移動させて、該当ローソク足の実体先端まで引き下げる（上げる）、

の2種類あります。僕は、図5-5のとおり、基本は①で考えるようにしています。

## ◉「ゾーンが強く意識されている」とみなす値動き

繰り返しますが、ゾーンの性質はラインと大きく変わるわけではありません。

基本はライン分析同様、ゾーンを設定することで、為替レートがこれまで動いてきた方向性なり角度なりをビジュアル化して、「今後の値動きがそこからはみ出すか、はみ出さない」かでトレンド継続や転換をイメージする点は同じです。

> **5-6 この値動きは「ゾーンが強く意識されている」と考えられる**

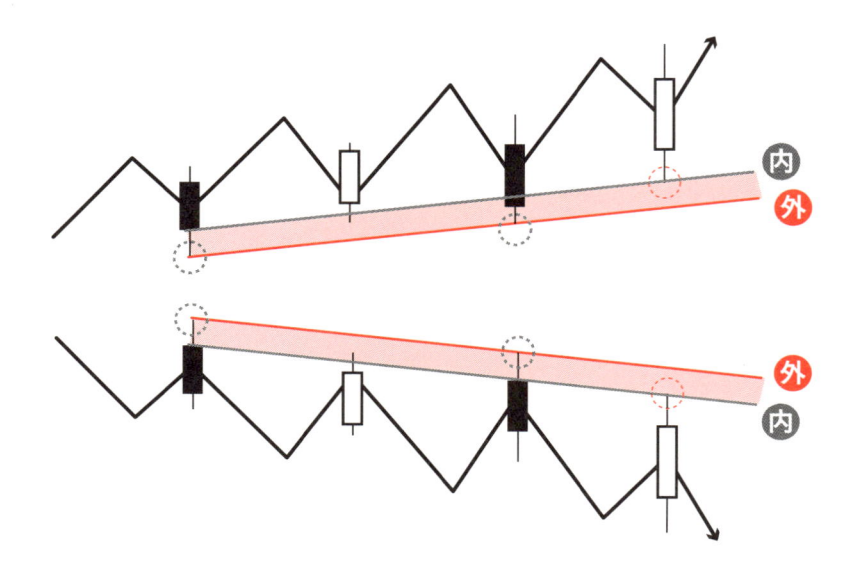

ただ、ラインの代わりにゾーンで見ることで、「為替レートが本当に抵抗帯や支持帯といえるゾーンをブレイクしたのか、していないのか」について、かなり幅を持った見方ができるようになります。

　また長いヒゲ同士を結んだ線の場合、全体的な値動きから乖離（かいり）したラインになることが多いですが、実体部分を結んだラインは全体の値動きをかなり的確にとらえていることが多く、2つのラインの角度の違いからトレンドがまだ継続中なのかそうでないのかを、より多面的に判断できるようになります。

　これまでゾーンを使った分析を行ってきた経験則では、**図5-6**のように**ローソク足全体がゾーンの内側ラインをまたいで切り上げたとき（切り下げたとき）、「ゾーンが強く意識されている」**と考えられます。

　また、トレンドラインをブレイクしたかしなかったかの判断では、ヒゲの部分はブレイクしたけど、実体部分はまだラインの内側に残っているというケースもよく起こります。

　野田式では、**たとえヒゲがラインの外側を突き破っても、実体がラインの内側に残っていたらラインは守られた**と考えます。

　逆にいうと、ゾーンを突き破りやすいヒゲの部分が、ゾーンの内側のラインでしっかり反転している場合なんかは、「このゾーンのサポート力やレジスタンス力はかなり強い」と考えることができます。これもゾーンという形で幅を持たせているからこそ、微妙なニュアンスまで観察できるのが大きなメリットといえるでしょう。

## ◉ 実戦でのゾーン分析の一例

　**図5-7**は世界中で最も取引量の多いユーロドルの長期月足チャートを僕なりにゾーン分析したものです。

　ユーロドルは非常にワイドなレンジで見ると、aとbの高値を結んだAのレジスタンスゾーンと、それをcの安値まで平行移動させたチャネルゾーンBに挟まれた下降トレンドの中にあります。

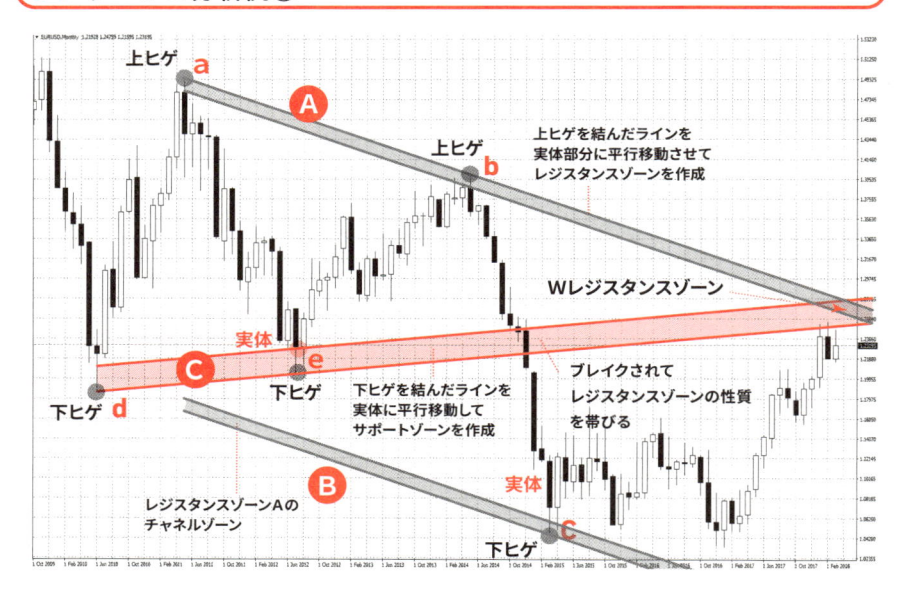

　画面左側では、dとeの安値を結んだCのサポートゾーンに支えられた上昇が続いてきましたが、画面中央でCがブレイクされて下落。

　現在は、Bのチャネルゾーンを割り込まずに反転上昇して、いったんブレイクされてレジスタンスゾーンに変わった過去のサポートゾーンCやレジスタンスゾーンAを突破しそうな勢いです。

　こうして「今、値動きの争点になっているゾーン」を引くのがゾーン分析では一番大切で、かなり練習を積まないと、なかなか適切なゾーンを引くことができません。

　僕の引いたゾーンが正解というわけではないですが、今後、ユーロドルが上昇を続けるには、まず、過去にブレイクされて、いまや強力な抵抗帯に変化したと思われるCの過去のサポートゾーンを突破しないといけません。

　さらに、その上には、長期下降トレンドの強力な抵抗帯となってきたAのレジスタンスゾーンが控えているわけですから、両者に上昇を阻まれて、

再下落に転じるというのが1つのイメージしやすいシナリオです。

　もう1つのシナリオは、CとAが交差した超強力な抵抗ゾーンを見事、突破して、さらに上昇が続くこと。その場合は、Aのゾーンをいったん突破したあとのリターンムーブを狙いたいところ。このように、「今、争点になっているゾーン」を引くことで、今後の値動きのシナリオをイメージし、売買プランを立てることがゾーン分析の醍醐味なんです！

## ◉ ゾーンの引き方は経過に応じて変わる

「今、争点になっているゾーン」と書きましたが、「争点」のとらえ方は人それぞれです。ということは、「ゾーンの引き方」も人それぞれでよい、ということです。

「ゾーン」というのは、ボリンジャーバンドのように数式で区分けされた明確な領域ではありません。チャートにラインを引くとき、実体で引く人

### 5-8　ゾーンの分析例②（5-7 と同一のチャート）

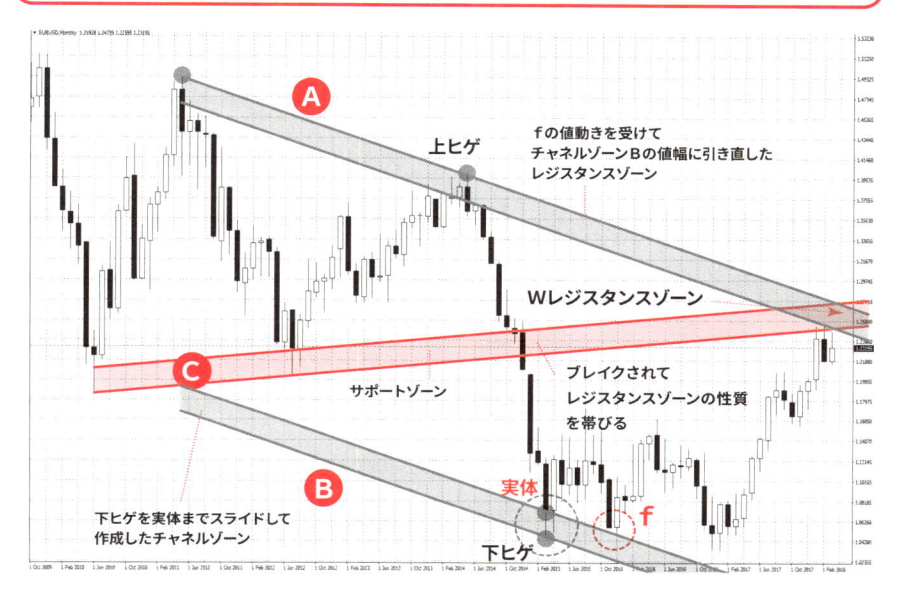

+ヒゲで引く人の「無意識の総和」とでもいいましょうか、流動的な領域です。

たとえば、5-7のサポートゾーンCは始点のdではなく、終点のeのヒゲを実体先端まで引き上げる、いわば「ゾーンの引き方α」の変化系ですが、この引き方でも全然構いません。

また、同じチャートでも経過によって、ゾーンの引き方は変わっていくものです。図5-8は図5-7と同じチャートですが、再分析してみましょう。僕ならfの部分に注目します。ここでは、「チャネルゾーンの引き方②」（P134）でゾーンを作成すると、図5-6（P134）に近い形で内側の線をピッタリまたいで切り上がっていることに気付きます。ということは、「チャネルゾーンはこの値幅で投資家たちに意識されているのかもしれない」と僕なら思うわけです。

チャネルゾーンは、トレンドゾーンをスライドさせたものなので、「なら、Aのレジスタンスゾーンも、この幅でイメージし直したほうがよいかもしれない」と通常とは逆のベクトルで、チャネルゾーンからレジスタンスゾーンを捉え直してみます。

「この場合、Wレジスタンスゾーンの領域が広がるな。ということは・・・」と思考をどんどん転がしていくのが実戦でのトレードになります。チャートの経過に応じて、ゾーンの引き方も幅も変え、値動きイメージも変化していくべきです。「ゾーンの引き方・考え方はこうあらねばならない！」なんて厳密な定義はありません。自分のトレードスタイルや資金に合わせて柔軟にチャート上でイメージしましょう。そして、あなたなりの値動きイメージを生み出してください。

## ◎ ホリゾンタルゾーン作成のマイ・ルール

ただ、ラインにしてもゾーンにしても現在のレートからはるか遠いところにあるものは、現状の値動きにあまり影響がないので、なるべく現在レートに近いところにあるゾーンに注目します。

ホリゾンタルラインに関しては、現在レートの上に2つ、下に2つぐらいのゾーンを見つけて、買い手にとっての「ここまで下がったら買いたい」価格帯を2つ、売り手にとっての「ここまで上がったら売りたい」価格帯を2つぐらい意識しておくといいでしょう。

図5-9は、5-7、5-8と同じチャートを用い、目立つ高値や安値のヒゲと実体を起点にホリゾンタルゾーンを引いたものです。

引き方のマイ・ルールとしては、

○なるべく2つ以上の高値・安値が通っている価格帯にラインを引く（一度反転している安値・高値でもいい）

○起点となるローソク足（図の点線の赤丸）を見つけたら、実体部分、ヒゲの先端部分を起点に2本のラインを引くことで、そのラインに囲まれたゾーンを意識する、

となります。厳密に「絶対、2つの高値、安値がないとダメ」とか「ヒゲが飛び出していたらダメ」とか考える必要はありません。おおざっぱで

## 5-9 ホリゾンタルゾーンの作成例（5-7と同一のチャート）

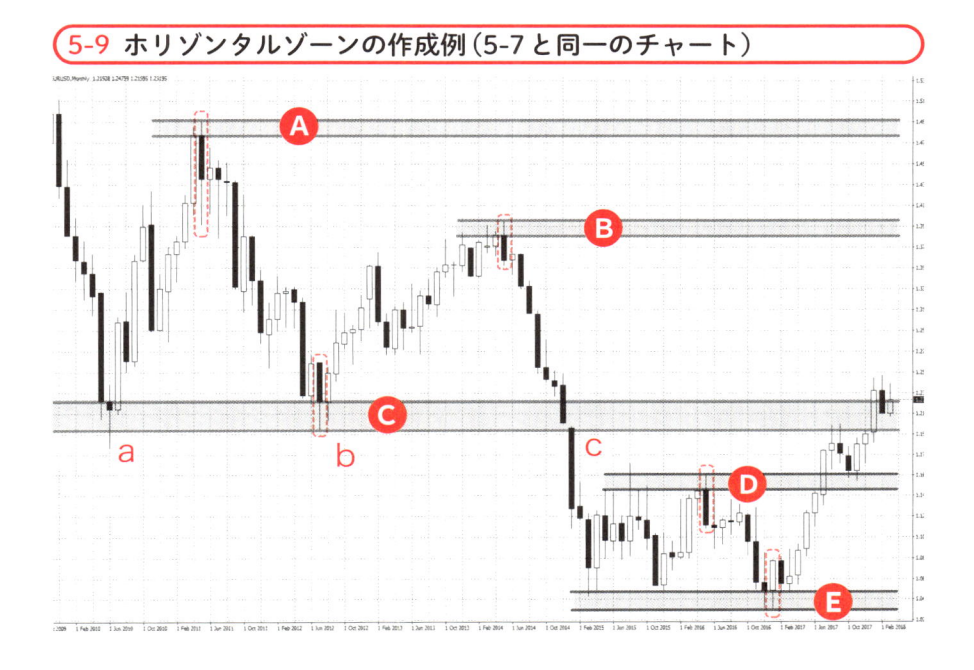

構いません。

　図5-9では、点線の丸をつけたローソク足の実体とヒゲを起点にゾーンを作ってみました。買いたい人が意識しているのは、現在値より下にあるDやEの安値ゾーンになります。ざっくりいうと、DやEのゾーンを下に割り込んでしまうと買い手が負けて売り手優勢になって為替レートもどんどん下がる可能性が高くなるので、売りで勝負するポイントになります。

　逆に現在レートの上の高値ゾーンを一気に抜けたら買い手の圧勝、売り手の完敗で買いでついていくことになります。

　図5-9の場合、高値ゾーンのAやBは、現在の値動きからまだかなり高いところにあるので現状、投資家からはあまり意識されていないと考えるのが妥当でしょう。問題は、Cのゾーンです。

　ユーロドルは、かなり昔の安値aとbが通るゾーンCを抜けてきたばかりです。過去にはcの地点でゾーンCを割り込んだユーロドルがストンと急落していることからもわかるように、投資家はゾーンCの価格帯を結構意識していると思われます。ユーロドルは今、そのゾーンCを上に抜け切ってさらに上昇するか、いったん抜けたものの下落してしまうかの瀬戸際にあることがわかります。この場合、

**「ゾーンを抜けたり割り込んだりしたらその方向についていく」**、

**「ゾーンにぶつかって反転したらその方向についていく」**、

**「ゾーンを抜けたり割り込んだあと、いったんゾーンのほうに戻って、再度、ブレイクした方向に向かうリターンムーブが起これば、より強いシグナル」**というように、ライン同様、ゾーンをブレイクするかしないかで180度売買判断を変えるのが基本です。

　ゾーンはラインのように線ではなく、幅のある面ですから、**その空間を完全に抜け切ったら、初めてブレイクと考えるのが基本**です。

　逆にゾーンの中に入ったものの抜け切れずに元の方向に戻ったら、「トレンドは守られて、まだ継続している」と判断します。

　ただあまりにゾーンの幅が広すぎると、ブレイクしたのかしないのか、どこで買ったり売ったりしたらいいのか、状況判断や売買判断がしづらく

なります。ゾーンの幅があまりに狭すぎたり、広すぎると、判断を迷わせることになるので、適度な幅のゾーンを作るようにしましょう。

## ⊙ ゾーンを使った売買ポイントの実戦問題

　僕は、いつも単純なラインではなく、2本の線を引いてゾーンを作り、そのゾーンを明確に上抜け・下抜けしないと、レジスタンスラインが破られたとか、サポートラインを割り込んだと判断しないようにしています。

　つまり、僕が実戦で使っているのは、ラインというよりも、そこから僕が独自に編み出したゾーンです。

　ただし、ゾーンを抜けたから、すぐエントリーというのも僕的には早すぎます。ブレイク後にいったん戻って再度、ブレイク方向に向かう**N字型の動き＝リターンムーブ**が起こったところが僕の主なエントリーポイントになります。

　ゾーンのブレイクはそこで戦っていた勢力が撤退したことを意味しますが、それは敵対勢力が大量に新規参入してきた状況ではありません。

　いったん、撤退した勢力が再び盛り返して、ゾーンの内側に戻るような動きが出るものの、これまで支持帯だったゾーンが抵抗帯になって再上昇が失速したり、抵抗帯だったゾーンが支持帯に180度転換して再下落の勢いが鈍ったり――つまり、**ゾーンの役割が反転したことが明白になって、初めてトレンド転換が完成したと判断**するようにしています。

　**図5-10**は先ほどのユーロドルの、トレンドラインとホリゾンタルラインのゾーンを合体させたものです。実戦ではこんな風にかなりややこしく、たくさんのラインをゾーンで引いて、「さて、このあとの値動きはどーなるのかな？」とイメージするのが僕のやり方になります。でも、慣れれば、そんなに難しいことではありません。

　**図5-10**を見ると、先述のとおり、レジスタンスゾーンと過去のサポートゾーン（現在はレジスタンスとして機能）が重なったAのあたりが、ユーロドルの上昇を阻む強力な抵抗帯になりそうです。

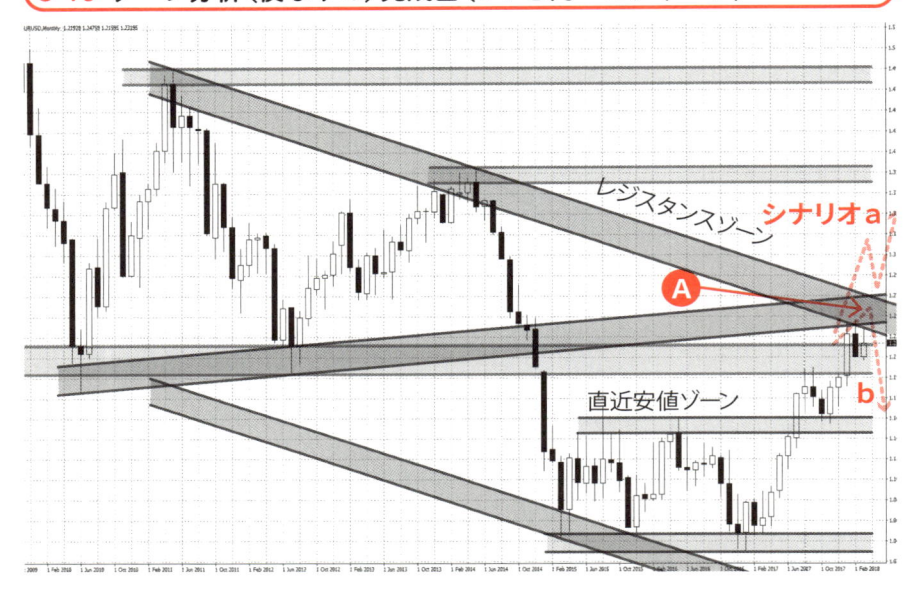

　このチャートを見た売り目線の投資家からすれば「Aのあたりが強いレジスタンスになりそうだから、売ってやろう」と待ち構えているゾーンになります。買い目線の投資家からすると、「Aを越えたら、その上には抵抗帯になる過去の高値ゾーンがかなり離れたところにしかない。そこまで青天井で上がる可能性もある」と考えているはずです。そう考えると、

**「シナリオa　レジスタンスゾーンをブレイクしたあと、リターンムーブの動きをともなって上昇」**

**「シナリオb　Aの抵抗帯に阻まれて直近安値のホリゾンタルゾーンまで下落」**

　という2つのシナリオがイメージできます。シナリオaならリターンムーブの動きを待って買い、シナリオbなら、現在のユーロドルが抜けそうで抜け切れていない、ホリゾンタルゾーンを完全に下回ったら売り、といった売買戦略を立てることができます。あとは、その動きが出るまで虎視眈々と待つだけ！――と、まぁ、これが僕なりのゾーン分析になります

が、先述のとおり正解はありません。「ああでもない」「こうでもない」と、まっさらなチャートに自分なりのゾーンを引いて考えることが大切です。

## ◉「野田式」売買ポイントの基本まとめ

　野田式FXを究めたいなら、単純なブレイクでエントリーするのではなく、じっと我慢してリターンムーブの動きを待つようにしてください。
　単純化すると、買いでも売りでも、次の2つしかありません。
「トレンドが継続する場面」
「トレンドが転換する場面」
　図5-11にまとめましたが、買いのエントリーを検討すべきときは、
「サポートラインとなるゾーンまで下がったあと」（トレンド継続）
「レジスタンスゾーンを突き抜けて上昇したあと、いったんレジスタンスゾーンまで下げて、再び上昇に転じたリターンムーブ」（トレンド転換）

### 5-11 野田式FX・ゾーン分析と売買戦略の基本

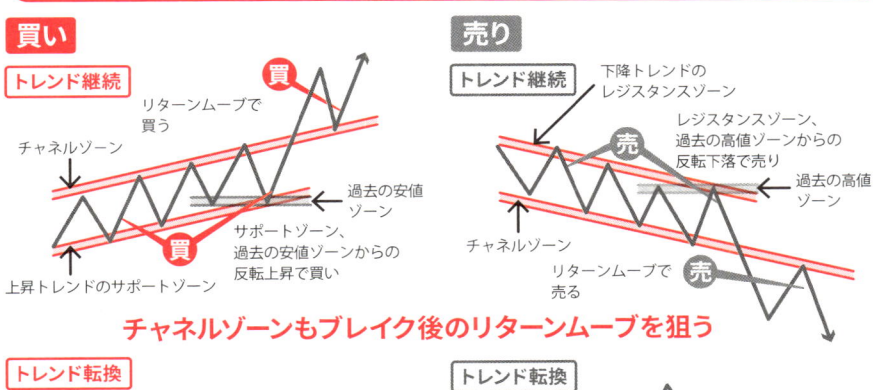

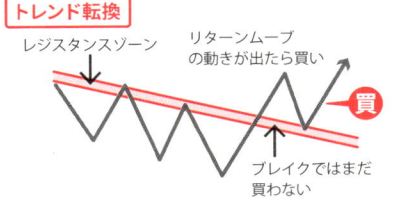

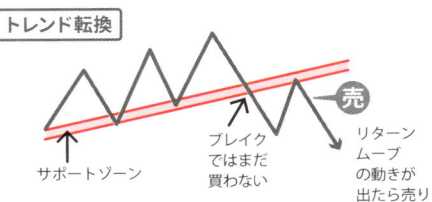

の2つです。

売りのエントリーを検討すべきときは、

「レジスタンスラインとなるゾーンまで上がったあと」（トレンド継続）

「サポートラインを割り込んだあと、そのサポートラインまでいったん上げて再び下落に転じたリターンムーブ」（トレンド転換）

の2つです。

現在レートの上に2つ、下に2つ、過去の高値や安値を基準にホリゾンタルゾーンを引いて、上昇や下落が続いたときの目標レートとして意識しておきましょう。

少し逆張り気味のエントリーになりますが、急落して過去の安値ラインあたりで下げ止まりそうなら試し買い、急上昇して過去の高値ラインまで上昇したら試し売り、というようにホリゾンタルゾーンを使った売買戦略も有効なので、必ず引くようにしましょう。

## ◉ 3つ程度の時間軸で「ライン」「ゾーン」を意識

自分がメインに見ている時間軸が1時間足チャートだとしたら、それよりも長い週足チャートや日足チャートなどもライン分析して、**3つぐらいの異なる時間軸でラインやゾーンを意識したほうがいい**でしょう。

僕はさまざまなチャート分析ができて、カスタマイズしやすい「メタトレーダー（MT）」を使ってチャート分析しています。「MT」ならラインを引くときもマグネット機能があるので、ヒゲとヒゲの先端をドンピシャ起点にしたラインを簡単に引くことができます。また週足チャートで引いたラインは、チャートの時間軸を日足や1時間足に変えても反映されるので、週足上で重要なラインやゾーンに対して、日足や1時間足チャートの値動きがどう絡んでいるのか、と意識してトレードできます。

たとえば、週足チャートの上昇トレンドに引いたサポート帯となるゾーンを残したまま、画面を1時間足に切り替えると、週足のサポート帯が1時間足の値動きにどのような影響を与えているのかもわかるので便利です。

# 第**6**章

# 野田式FX超実戦ドリル

ライン分析からトレードプラン構築まで

\*\*\*

さて、ここまで読んだら、あとは練習あるのみです。まずは問題に自分なりに解答してみてください。その解答と僕の解説を見比べてみて、「自分のほうが正しい」と思ってもらってもまったく構いません。僕の解答はあくまで1つの見方、現状を読み解くための1つのヒントぐらいに考えてください。ゾーンをどう引いて、どのように売買に活用するかは人それぞれです。自分なりに「この引き方、このエントリーの仕方が自分には合っている」というのを見つけるまで練習を積み重ねましょう！

\*\*\*

# ⊚ ゾーンの見つけ方、引き方のコツ

ドリルのチャートには、ラインを引いてゾーンが作れそうな高値や安値がたくさんあって、どれを使って引いたらいいか迷ってしまうはずです。

どの高値・安値にラインを引くかの一番の基準は、「とにかく、直近の為替レートに近く、今後の値動きに影響がありそうなトレンドラインやホリゾンタルラインを引くこと」です。

もう1つのルールは「角度が急すぎるラインやゾーンは引かない。できる限り、角度がゆるやかなラインを探すこと」です。

角度が急すぎるラインはそれ自体が急上昇や急落など1つの値動きにすぎません。ゾーンで意識したいのは「高値→安値→高値…」という上下動のリズムやサイクルなので、なるべくゆるやかなラインに注目したほうが売買判断も正確になりやすいのです。

また、いったんブレイクされてしまったラインやゾーンはそれでおしまいというわけではなく、過去の抵抗帯は現在の支持帯に、過去の支持帯は現在の抵抗帯として働きます。ドリルの問題を解くときも、すでにブレイクされたトレンドラインで今後の値動きに影響を与えそうなラインに注目しましょう。

また、投資スタイルが長期目線か短期目線かも大切です。

短期目線の場合は現在の値動きに近いものなら、ちょっとぐらい角度が急なラインをチェックしてもかまいません。長期目線なら、現在の値動きから遠くなってもいいので、角度のゆるやかなラインを選択しましょう。

何度もいうようにドリルの解答はあくまで僕の見解で、正解は人それぞれです。大切なのは自分が引いたラインに対して、複数の値動きのシナリオを立てられるかどうか。「このラインを引くことで、そのラインが守られた場合、ブレイクされた場合、こういう値動きが想定できる」というシナリオを立てながら、ラインを引いてゾーンを作りましょう。

難しく見えますが基本問題ばかりです。「ゾーン分析」は野田式FXの神髄。楽しみながら挑戦してみてくださいね！

**下の「ゾーンの作り方」を参考に、チャート上の高値2点、安値2点を結んでホリゾンタルラインをゾーンで引いてください。**

ドル円　1時間足チャート　2018年4月

## ゾーンの作り方の基本のおさらい

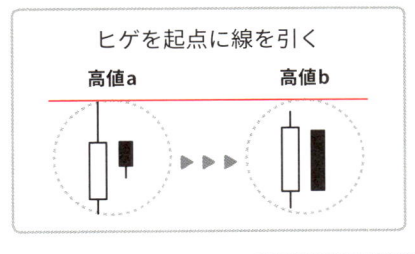

ヒゲを起点に線を引く

高値a　　　　　高値b

\+

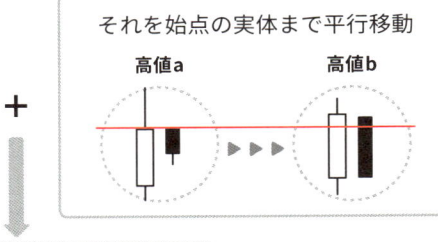

それを始点の実体まで平行移動

高値a　　　　　高値b

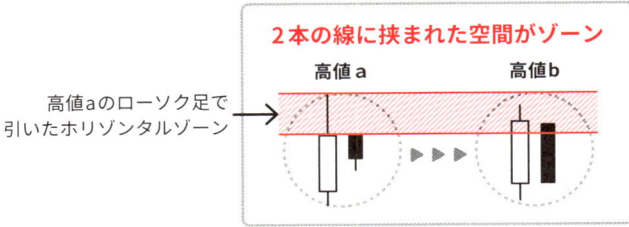

**2本の線に挟まれた空間がゾーン**

高値a　　　　　高値b

高値aのローソク足で
引いたホリゾンタルゾーン →

高値bのヒゲと実体も
ゾーンの内側に。
なるべく多くの高値が
通るゾーンを作る。

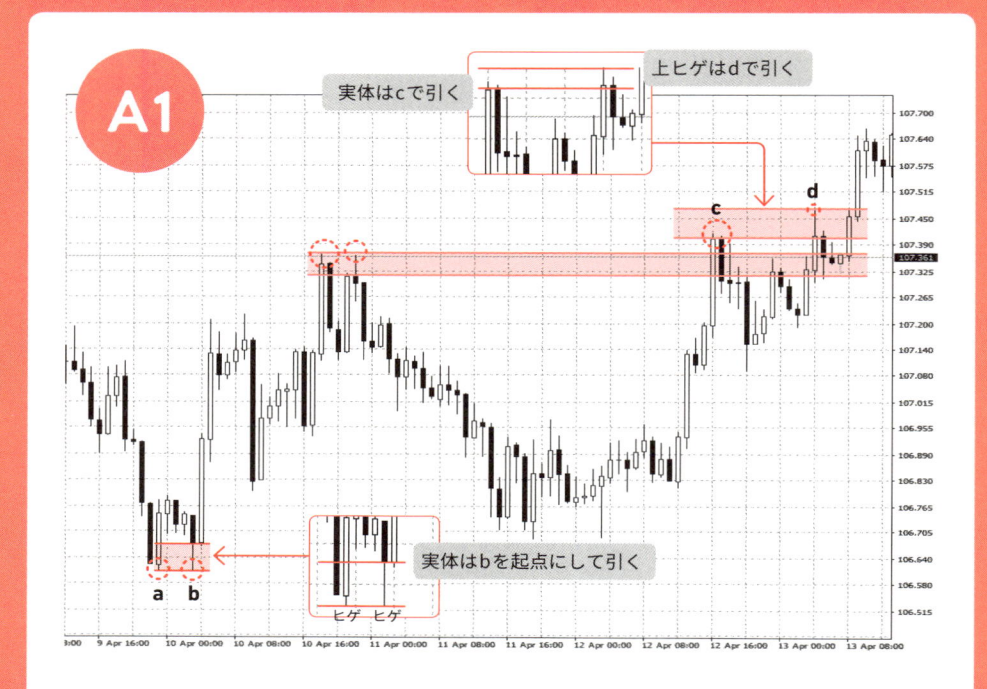

**A1**

実体はcで引く　　上ヒゲはdで引く

実体はbを起点にして引く

ヒゲ　ヒゲ

a　b

**解説** ホリゾンタルゾーンはチャート上の高値や安値が通る空間を視覚化するために引きます。高値2点、安値2点が通るゾーンはより強い支持帯や抵抗帯になります。Q1では、図のaとbの下ヒゲがほぼ同じ位置にあるので2点のヒゲが通るラインを引き、bの実体を起点にもう1つのラインを引くと、a、b両方の実体と下ヒゲが収まる安値のホリゾンタルゾーンを作ることができます。高値2点、安値2点のヒゲと実体の価格が同じライン上にないときは、図のcとdの高値のように、実体はcのローソク足、上ヒゲはdのローソク足というように、異なるローソク足の実体とヒゲを起点にしてもかまいません。

ゾーンを引く目的はなるべく多くの高値や安値が通って、投資家が意識しやすい価格帯を探すことにあります。狭すぎるゾーンだとラインを引くのと変わらないですし、ゾーンが広すぎると支持帯や抵抗帯として働いているかどうか判別できません。自分なりに判断しやすいゾーンを作ることが大切です。

## ゾーンの引き方②

**チャート上にヒゲ同士を結んで実体に合わせたサポートゾーン、実体同士を結んでヒゲに合わせたサポートゾーンとそのチャネルゾーンを作ってみてください。**

ドル円　日足チャート　2015年11月〜16年6月

### ラインチャート

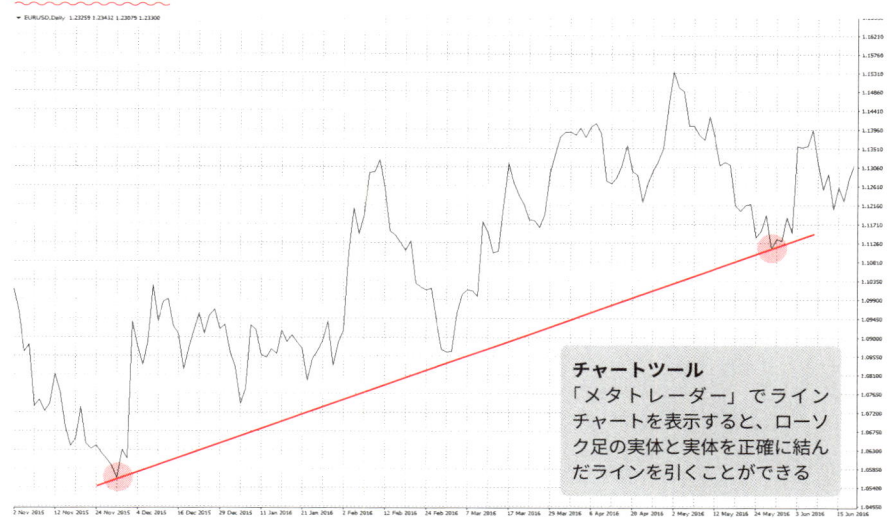

**チャートツール**
「メタトレーダー」でラインチャートを表示すると、ローソク足の実体と実体を正確に結んだラインを引くことができる

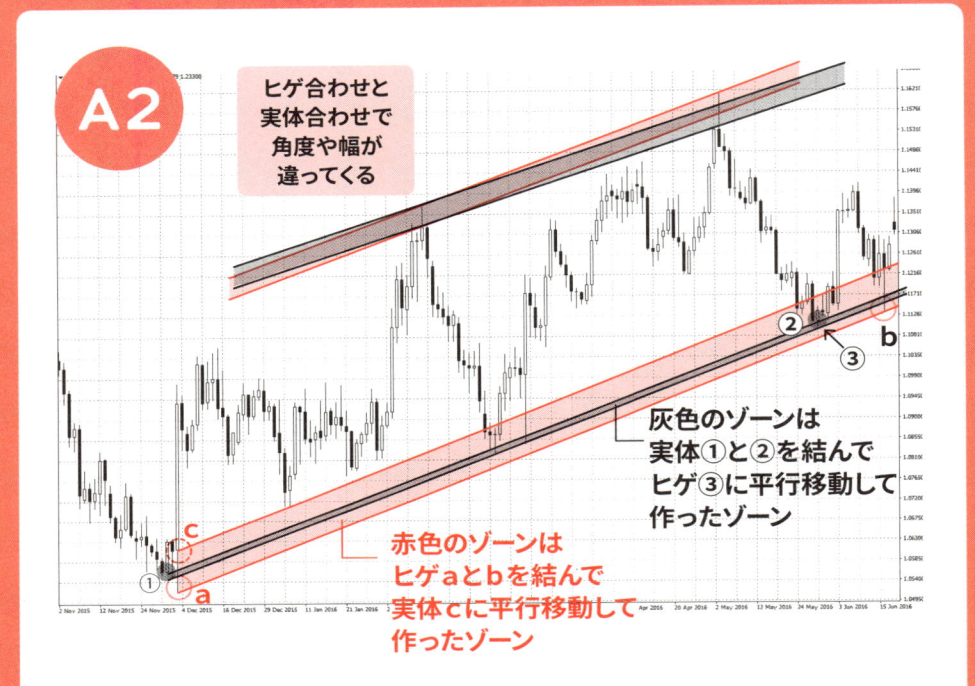

**A2**

ヒゲ合わせと
実体合わせで
角度や幅が
違ってくる

灰色のゾーンは
実体①と②を結んで
ヒゲ③に平行移動して
作ったゾーン

赤色のゾーンは
ヒゲaとbを結んで
実体cに平行移動して
作ったゾーン

**解説** トレンドラインを引いてゾーンを作るときは、2本のローソク足のヒゲ同士を結んだ線をいずれかのローソク足の実体部分まで平行移動させてゾーンを作る「ヒゲ合わせ」と、実体同士を結んだ線をヒゲまで平行移動する「実体合わせ」の2通りがあります。

チャートツール「メタトレーダー」を使えば、終値だけを表示したラインチャートを表示できます。ラインチャート上にある山と山（高値）、谷と谷（安値）を結んだうえで、もう一度、ローソク足チャートの表示に切り替えると、実体同士をきれいに結んだラインを引くことができます。

長期間にわたってゾーン分析する場合、ヒゲ合わせと実体合わせではゾーンの角度や幅が異なり、その差が値動きに影響を与えることもあります。

## ホリゾンタルライン

**チャート上に過去の最高値・最安値や反転している高値・安値が通っているホリゾンタルラインをゾーンで引いてください。**

ドル円　日足チャート　2017年7月〜18年2月

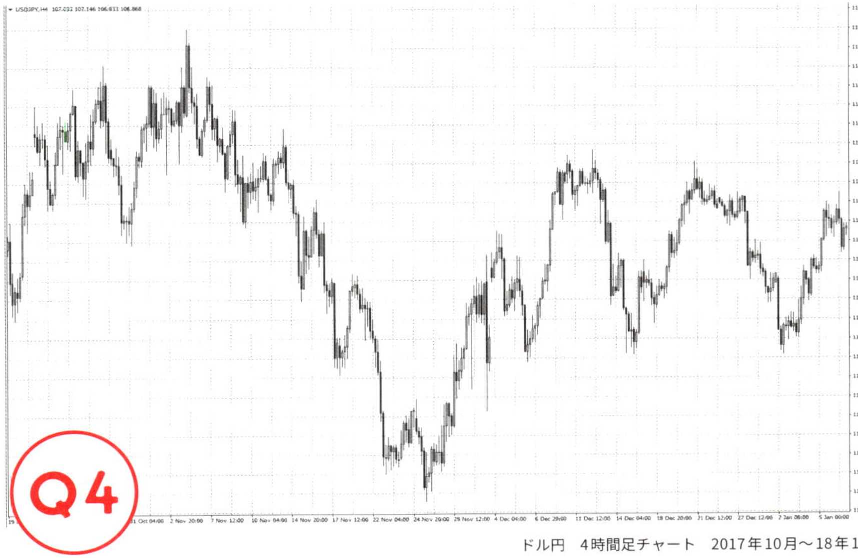


ドル円　4時間足チャート　2017年10月〜18年1月

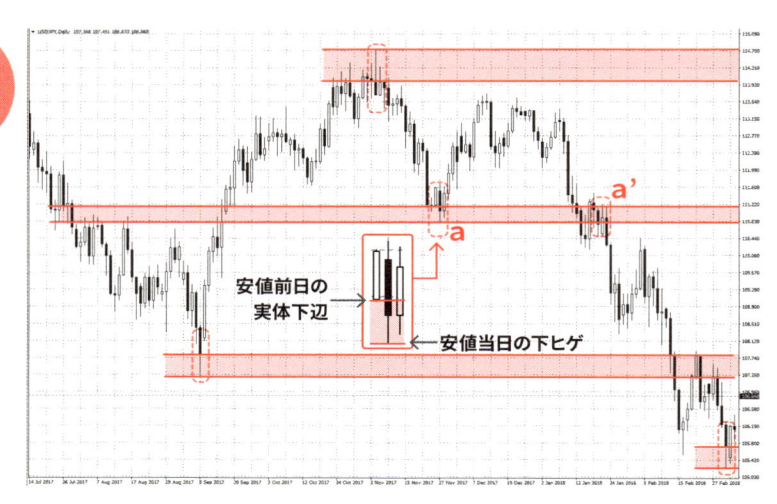

**解説** A3はあくまで一例ですが、なるべく多くの高値や安値が通るホリゾンタルゾーンを作ることが大切です。そのため、a（拡大図）のように安値前日の陽線の実体下辺と安値当日の下ヒゲでラインを作って、a'の地点のローソク足の上ヒゲも通るようなゾーンを作ってもかまいません。

**解説** 最高値のaや最安値のfのローソク足の実体とヒゲで作ったゾーンのほか、bからeのようなゾーンが引けます。その後の値動きの支持帯や抵抗帯になっているような、投資家の意識が集まりやすい高値や安値を探すことが大切です。

今後の値動きを判断するうえで重要だと思われるトレンドラインをゾーンで引いてください。すでにブレイクされていてもかまいません。

ドル円　4時間足チャート　2017年10月〜18年1月

ドル円　4時間足チャート　2018年1月〜4月

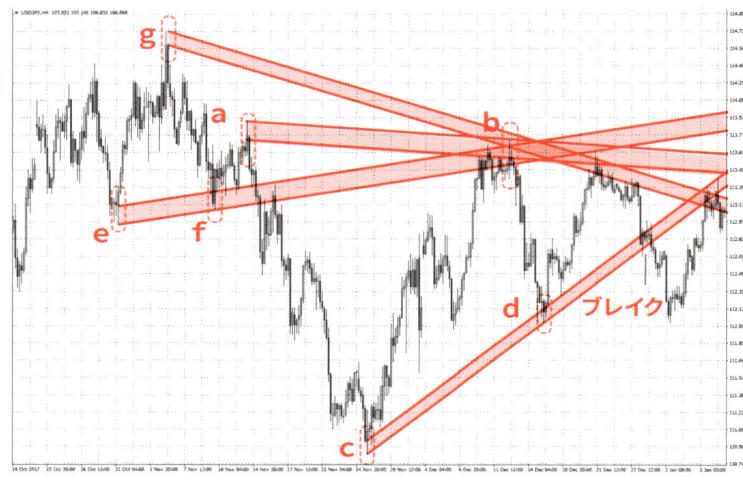

解説 aとbのローソク足を結んだレジスタンスゾーン、cとdを結んだサポートゾーン（すでにブレイク済み）が今後の値動きに対して抵抗帯として働くかどうかに僕なら注目します。その他、eとfやgとbを結んだレジスタンスゾーンも今後の値動きに影響を与えそうです。

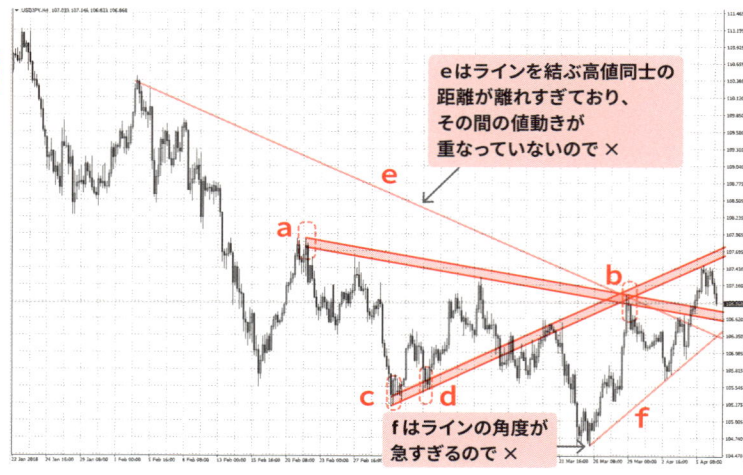

**eはラインを結ぶ高値同士の距離が離れすぎており、その間の値動きが重なっていないので ×**

**fはラインの角度が急すぎるので ×**

解説 ともにブレイクされていますが、現在の値動きを挟み込む形の、aとbを結んだ過去のレジスタンスゾーン、cとdを結んだ過去のサポートゾーンに僕なら注目します。ゾーンはいったんブレイクされたら終わりではなく、ブレイクによって抵抗帯は支持帯に、支持帯は抵抗帯に変化します。ブレイク済みでも、現在の値動きに近いゾーンには注意を払いましょう。

**チャート上にホリゾンタルラインを3つ、トレンドライン1つ、ブレイクされたものの影響力あるラインを1つ、ゾーンで引いてください。**

豪ドルドル　1時間足チャート　2017年7月～8月

上のチャートは
このチャートの
赤の点線部分を
拡大したものです

豪ドルドル　4時間足チャート　2017年7月～8月

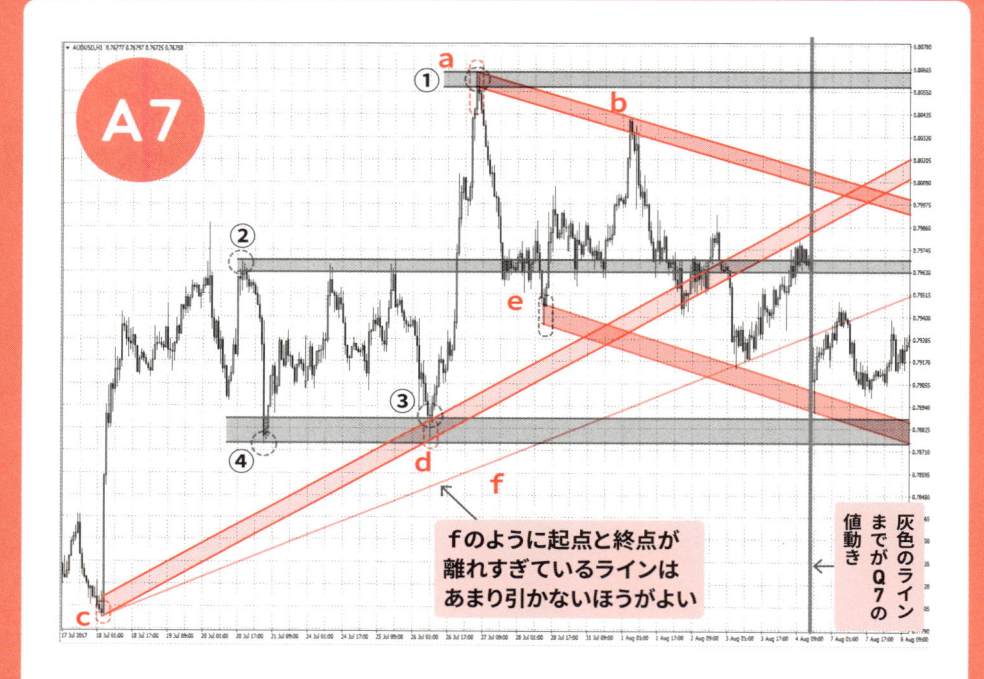

**f のように起点と終点が離れすぎているラインはあまり引かないほうがよい**

灰色のラインまでがQ7の値動き

156

**解説** ホリゾンタルラインは最高値ライン①、高値②、安値③の実体部分と安値④の下ヒゲにラインを引いてゾーンを作ります。なぜなら、直近の値動きは②と③・④のゾーンに挟まれているからです。

トレンドラインに関しては、高値が切り下がっていることからaとbを結んだレジスタンスゾーンはゾーン分析に必要不可欠です。

さらに、すでにブレイクされていますが、cとdを結んだ上昇トレンドのサポートゾーンはQ7の時点の値動きを阻む抵抗帯になりそうなので、必ずチェックしておきたいゾーンです。

その後の値動きを見ると、豪ドルドルは実際、cとdを結んだゾーンが抵抗帯になって反転下落しています。

そして、aとbのレジスタンスラインを画面中央の安値eまで平行移動させたチャネルラインを下値メドにした、右肩下がりのレンジ相場に移行していることがわかります。

## ホリゾンタル・トレンドライン

**チャート上にホリゾンタルラインを上下2つずつ、直近の値動きに最も影響を与えそうなトレンドライン2つを引いてゾーンを作ってください。**

ドル円　週足チャート　2016年1月〜17年7月

上のチャートはこのチャートの赤の点線部分を拡大したものです

ドル円　月足チャート　2011年4月〜18年4月

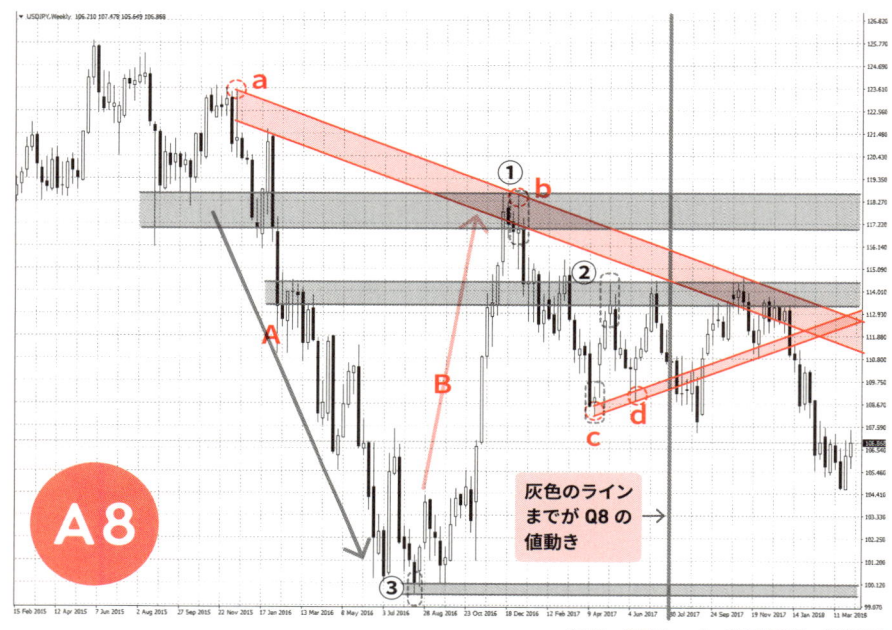

ドル円　週足チャート　2015年2月〜18年3月

**解説** 直近の高値や安値は現在の価格形成にも大きな影響を与えるので、ラインを引くときもなるべく現在の為替レートに近い高値や安値に注目することが大切です。むろん、時間経過とともに投資家が意識する高値や安値も変化します。

Q8の場合、ホリゾンタルラインとしては、急上昇後につけた高値①やその後のレンジ相場の上限になっている高値②、急上昇が始まる前の③の安値も長い目で見た下値メドとして意識しておきましょう。

トレンドラインを引くときは、角度が急なラインは引かないこと。図のAやBのような急落や急騰は、高値から安値に向かう1つの値動きにすぎません。高値→安値→高値というジグザグの上下動があって初めて、ラインやゾーンになる「1つのサイクル」と言えます。

図では高値aとbを結んだレジスタンスゾーン、安値cとdを結んだ過去のサポートゾーンが意識されやすくなっています。安値③とdを結んだサポートラインも引けますが、角度が急です。ゆるやかなラインのほうが投資家の意識が集まりやすくなります。

## チャネルライン

チャート上にトレンドラインとそのラインを平行移動させたチャネルラインをゾーンで引いて、これまでの値動きを分析してみてください。

ユーロドル　日足チャート　2016年12月〜17年7月

ポンド円　日足チャート　2011年3月〜11月

**A9**

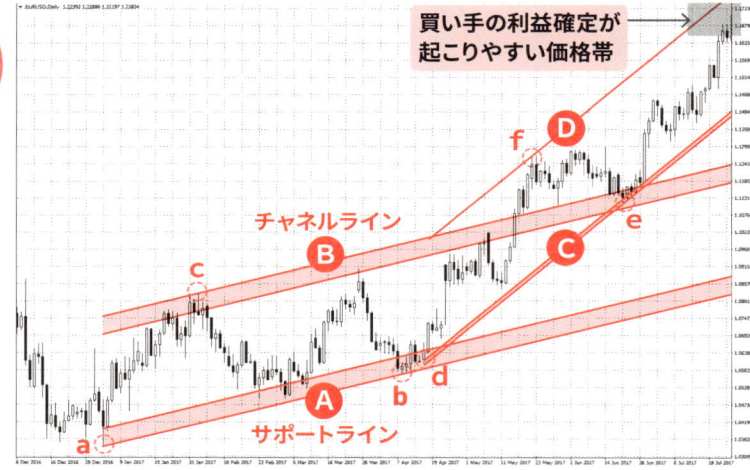

買い手の利益確定が
起こりやすい価格帯

チャネルライン

**B**

c

**A**

サポートライン

**D**

f

**C**

e

b d

a

**解説** 上昇トレンドのサポートラインはaとbの安値を結んだAです。Aを高値cまで平行移動させたチャネルラインBも買い手の利益確定ポイントとして意識しておきましょう。上昇加速後のサポートラインCやそのチャネルラインDも引けます。

**A10**

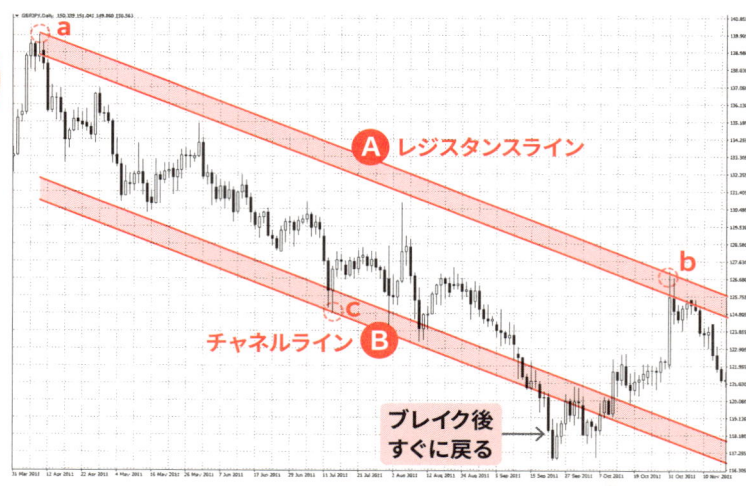

a

**A** レジスタンスライン

b

c

チャネルライン **B**

ブレイク後
すぐに戻る

**解説** 高値aとbを結んだレジスタンスラインAが下降トレンドの抵抗帯として今も機能しています。下降トレンドのチャネルラインBはあくまで売り手が目標とする利益確定ラインです。ブレイクされても、再び投資家の意識が集まり、値動きがラインの内側に戻るケースも多くなります。

## リターンムーブ

**チャート上で起こったトレンド転換をラインを引いて確認してください。
また、その直前に起こったリターンムーブの動きを見つけてください。**

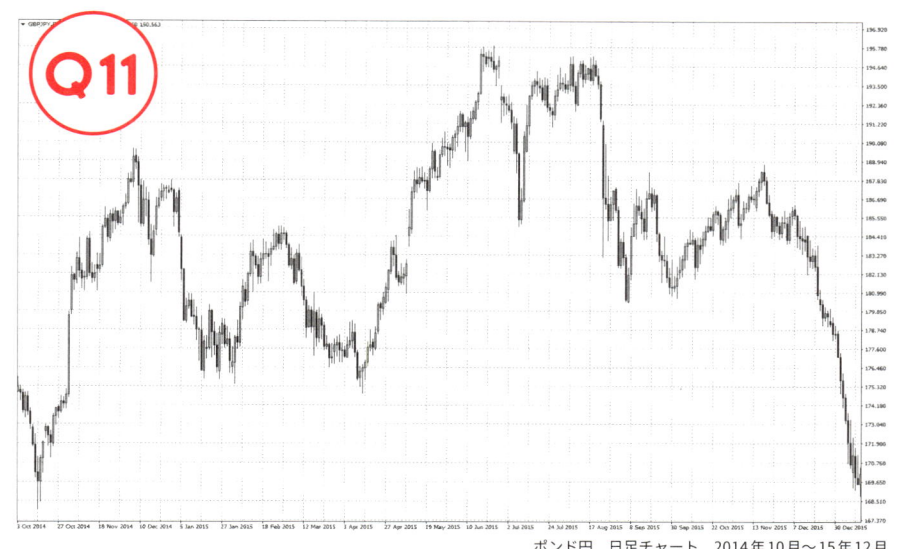

ポンド円　日足チャート　2014年10月〜15年12月

ユーロドル　日足チャート　2016年10月〜17年3月

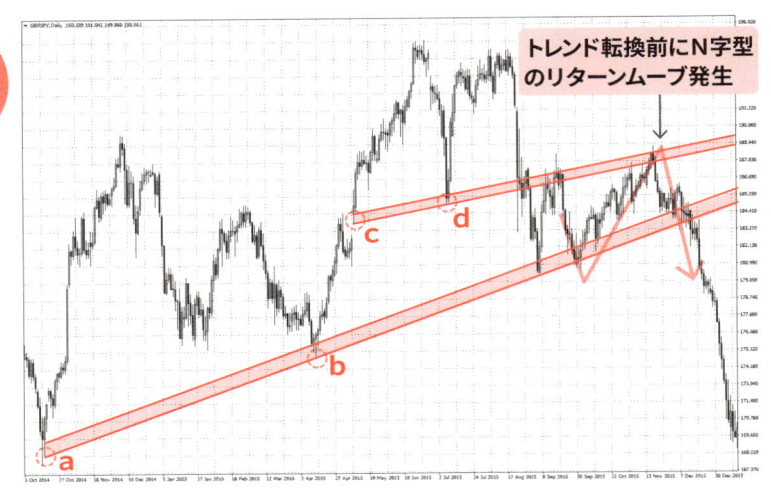

**A11**

トレンド転換前にN字型
のリターンムーブ発生

**解説** aとbの安値を結んだサポートゾーンのブレイクがトレンド転換に直結していますが、その前に、高値圏での値動きの抵抗帯になっていたcとdを結んだゾーンに対してリターンムーブの動きが起こっており、トレンド転換の最初のシグナルになっています。

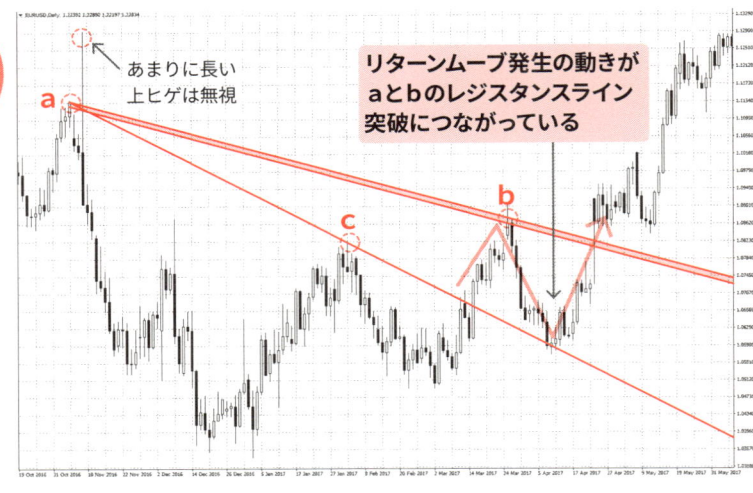

**A12**

あまりに長い
上ヒゲは無視

リターンムーブ発生の動きが
aとbのレジスタンスライン
突破につながっている

**解説** aとbの高値を結んだレジスタンスゾーンのブレイクが上昇トレンドへの転換シグナルです。その動きはそれ以前のaとcを結んだレジスタンスラインがブレイクされたあとに起こったリターンムーブの動きによって生まれています。

ゾーンＡの他に直近の値動きに関係しそうなトレンドライン、ホリゾンタルラインをゾーンで引いて、今後の上昇・下落シナリオを考えてください。

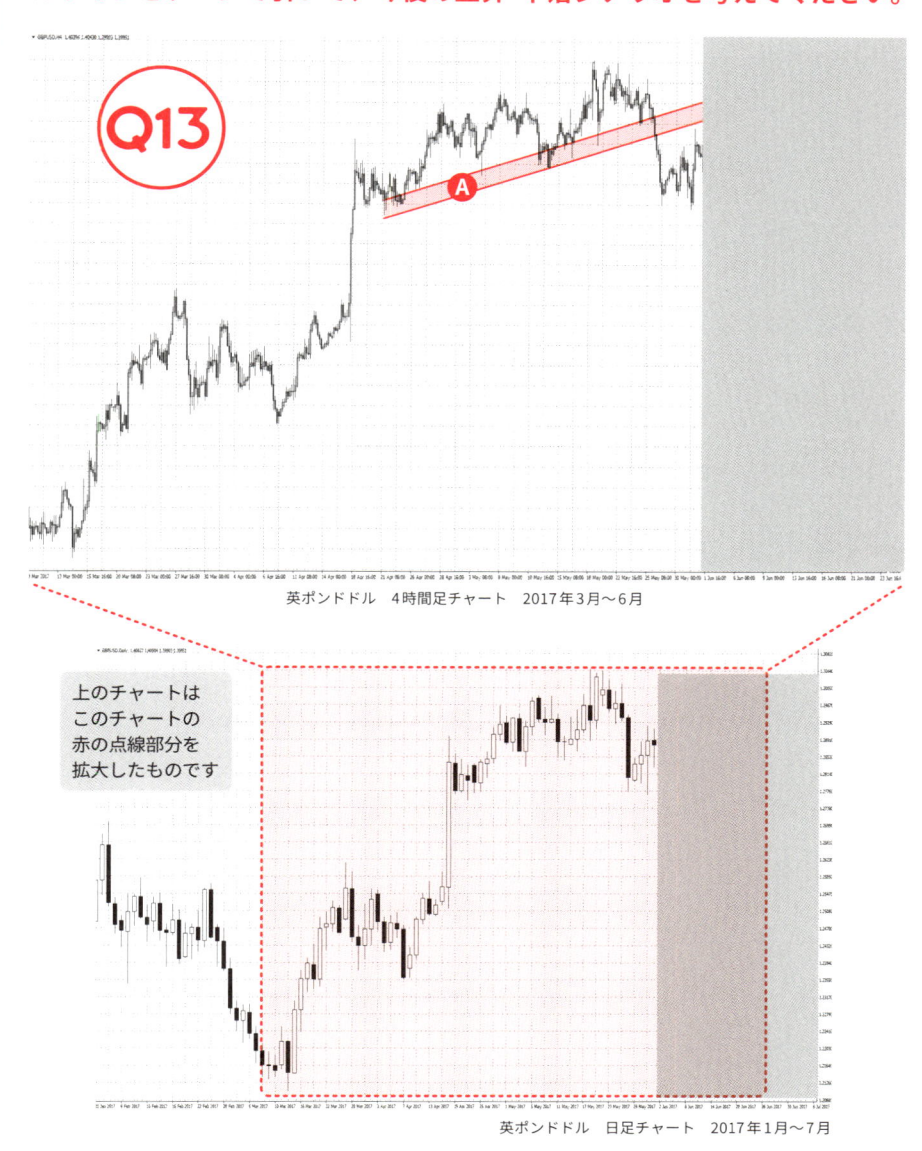

英ポンドドル　4時間足チャート　2017年3月〜6月

上のチャートはこのチャートの赤の点線部分を拡大したものです

英ポンドドル　日足チャート　2017年1月〜7月

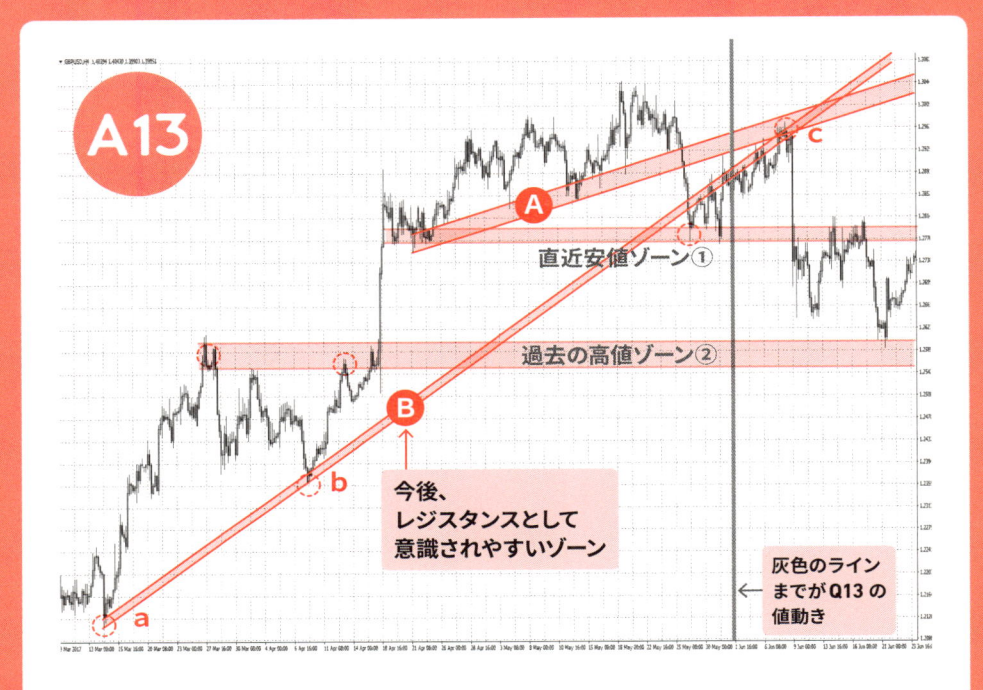

**直近安値ゾーン①**

**過去の高値ゾーン②**

今後、
レジスタンスとして
意識されやすいゾーン

灰色のライン
までがQ13の
値動き

**解説** 為替レートは直前の高値や安値の形成を意識して推移することが多いもの。Q13の場合、直近の値動きはサポートゾーンＡを下にブレイクしているので、ゾーンＡが今後は抵抗帯になると想定します。

さらに、画面左のａとｂの安値を結んだゾーンＢの延長線がちょうど値動きの上昇を抑えつけるレジスタンスになっています。このＢのゾーンをチェックできると、ゾーンＡとＢが交差するｃの地点を強い抵抗帯として意識することができます。上昇シナリオを立てるときも、ｃの抵抗帯を抜けるか抜けないかを争点に2通りのシナリオを描けます。

逆に下落シナリオを立てるときに必ず意識したいのは、直近安値ゾーン①です。ここを下にブレイクできるかどうかが為替レートが下落し続けるための条件になります。もう1つ下の支持帯としては過去の高値ゾーン②に注目しましょう。一度ブレイクされた過去の高値は抵抗帯から強い支持帯に変化している可能性が高く、意識したいゾーンになります。

## トレードプランの立て方②

このあと、チャート上では上昇が続きますが、その前提でＡ以外に意識したいトレンドライン、ホリゾンタルラインをゾーンで引いてください。

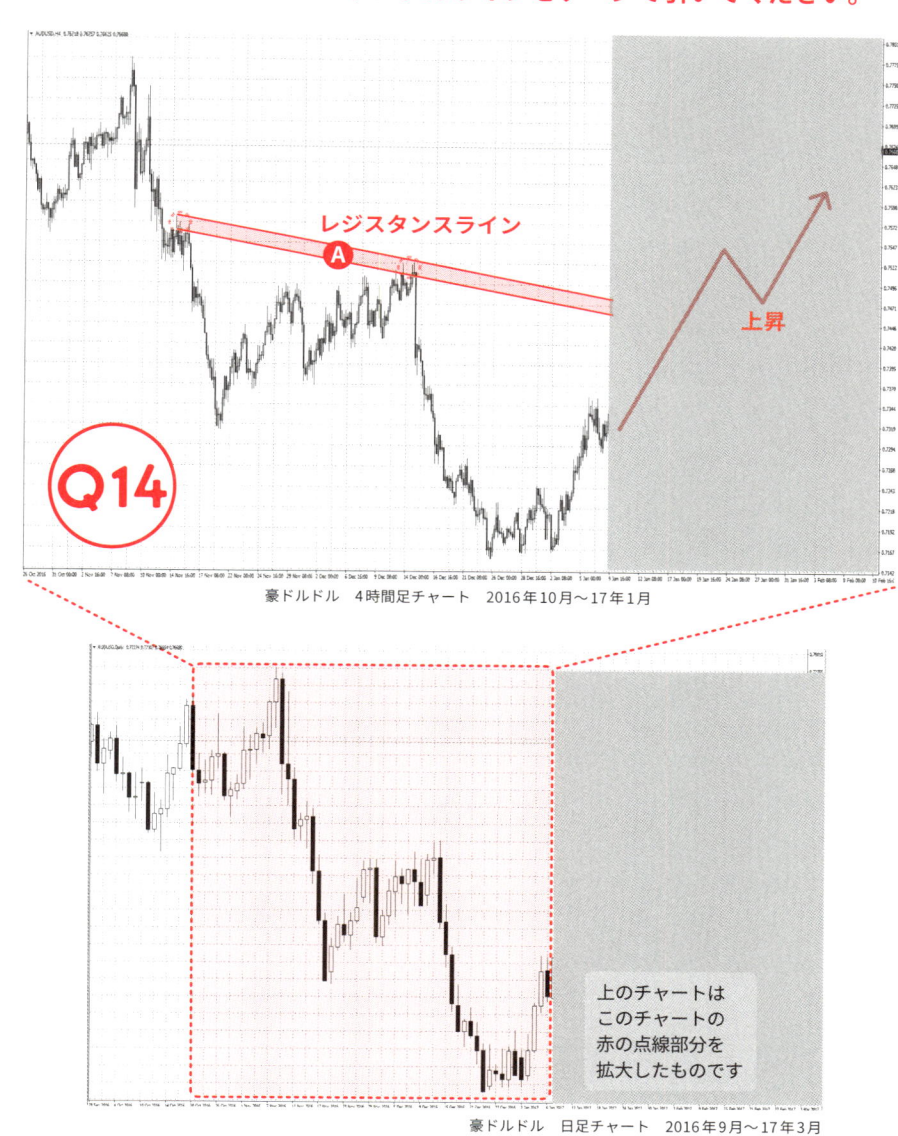

豪ドルドル　４時間足チャート　2016年10月〜17年1月

上のチャートは
このチャートの
赤の点線部分を
拡大したものです

豪ドルドル　日足チャート　2016年9月〜17年3月

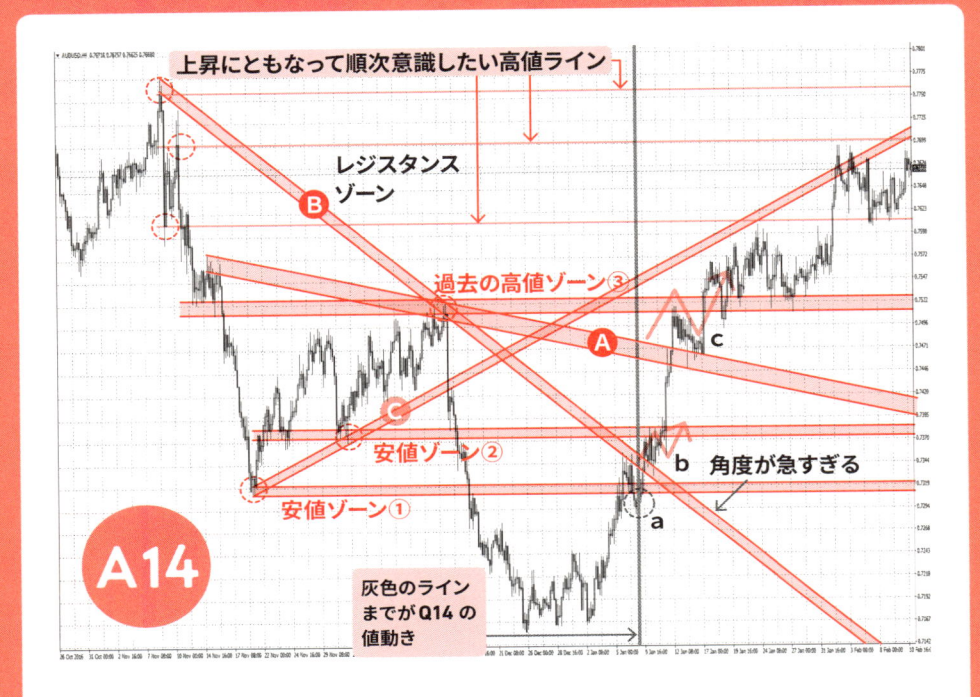

上昇にともなって順次意識したい高値ライン

レジスタンスゾーン

Ⓑ

過去の高値ゾーン③

Ⓐ

安値ゾーン②

Ⓒ

安値ゾーン①

c

b 角度が急すぎる

a

**A14**

灰色のラインまでがQ14の値動き

**解説** 今後、上昇が続くと仮定すると、シナリオ作りに必要なのは上昇を阻む抵抗帯になりそうなゾーンです。直近の値動きに一番近いラインとして意識したいのはレジスタンスゾーンBです。ただし、角度が急すぎるので、Bに対するリターンムーブ（b）は失敗に終わりやすいので注意が必要です。やはり、角度のゆるいレジスタンスラインAに対するリターンムーブ（c）のほうが、きちんと投資家の意識が切り替わりやすいのでベターです。上値にある過去の安値も抵抗帯になりやすいので、安値ゾーン①や②、過去の高値ゾーン③といったホリゾンタルゾーンも意識すべきです。

直近の値動きは、安値ゾーン①に対してリターンムーブの動きになったものの、aの地点で安値ゾーン①を下抜けてしまって失敗。こういったときは、買いで勝負するにしてもBやAのレジスタンスゾーンの上抜けを待ったほうが無難です。

上昇するにしたがって、過去にブレイクされたサポートラインCや過去の高値など、今後、抵抗帯になりそうなゾーンを順に探していきましょう。

## トレードプランの立て方③

**長期的にはレンジ相場ですが、直近の値動きに関係しそうなゾーンを2つ作成して、目標高値と安値を2つほど考えてください。**

ユーロドル　日足チャート　2015年7月〜16年10月

ユーロドル　週足　2013年8月〜16年10月

**A** レジスタンスゾーン

**B** ブレイクされた
サポートライン

**Q15**

上のチャートは
このチャートの
赤の点線部分を
拡大したものです

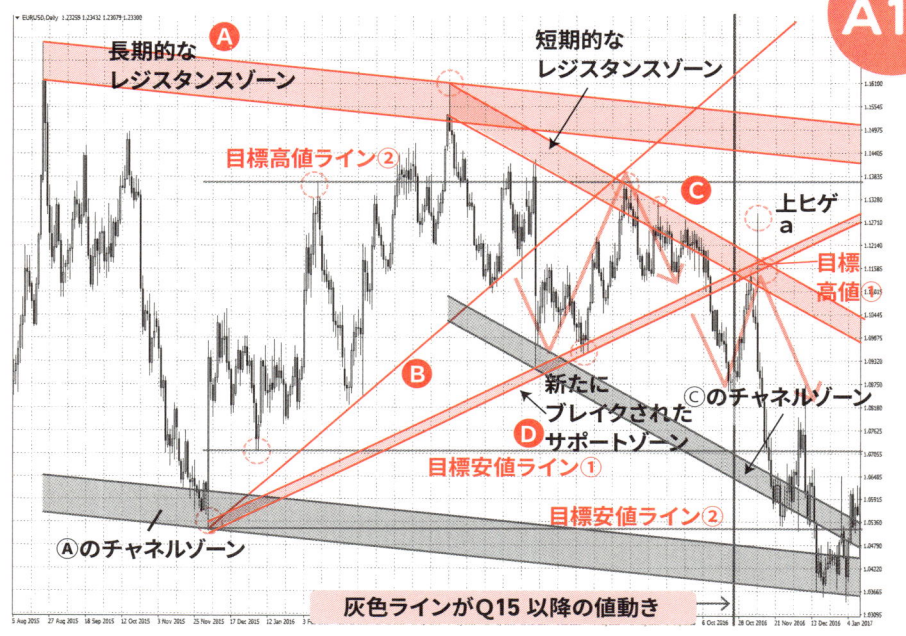

灰色ラインがQ15以降の値動き →

**解説** ライン分析は今後の値動きの目標となる高値や安値を想定する際にも役立ちます。特に有効なのは過去の高値や安値を起点にして引いたホリゾンタルラインです。

Q15の直近の値動きは、下段の週足チャートで見た下値レンジ相場における下落局面ですから、目標安値を割り出して、売りの利益確定や新規買いのエントリーポイント探しに役立てたいところです。本来は週足ベースで見たほうがより長期的な影響力のある安値を探せますが、Q15の日足チャートレベルでは安値ライン①、②あたりが目標安値になるでしょう。

反対に、チャート上に短期的なレジスタンスゾーンCと新たにブレイクされたサポートゾーンDを引くと、両者が交差する地点は強力な抵抗帯になります。現在の値動きに近いことから、この交差地点を目標高値①と見なすことができます。さらにブレイクされたサポートラインBに対してリターンムーブの動きが起こった高値ライン②も目標高値として意識されやすいラインになります。

なお、実戦では灰色の🄐と🄒のチャネルゾーンを引きましょう。そうすることで、より値動きをイメージしやすくなります。

**Aのローソク足を参考に新規買いの指値注文、利益確定の指値注文、損切りの逆指値注文を入れたい場合、①〜③のどの価格が適当でしょう？**

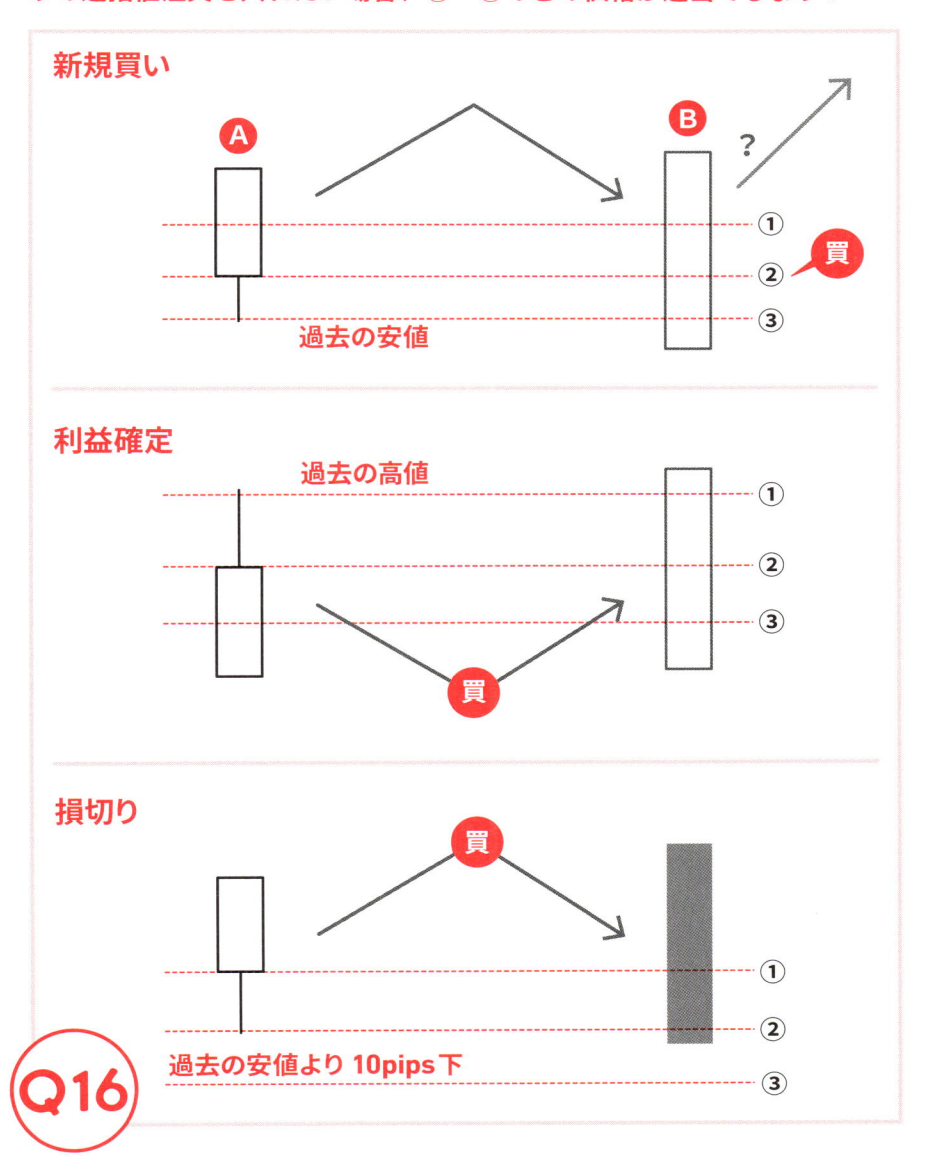

新規買い

過去の安値

利益確定

過去の高値

買

損切り

買

過去の安値より10pips下

**Q16**

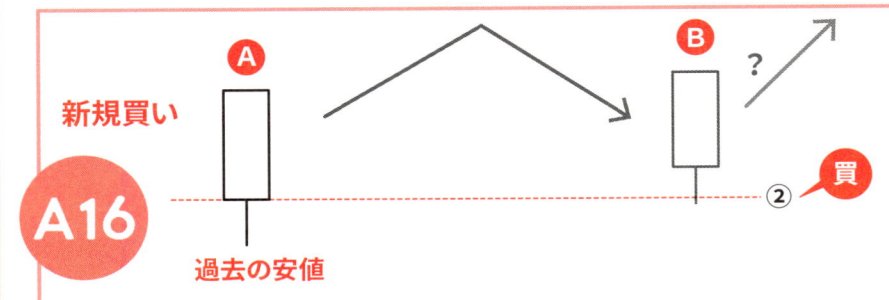

## 新規買い

### A16

**過去の安値**

上昇トレンドのとき、投資家は切り上げ目線なので下ヒゲで指値注文しても買えないケースが多くなります。過去の安値の実体部分まで安値（下ヒゲ）が切り上がると想定して実体部分②で指値注文を入れましょう。

---

## 利益確定　過去の高値

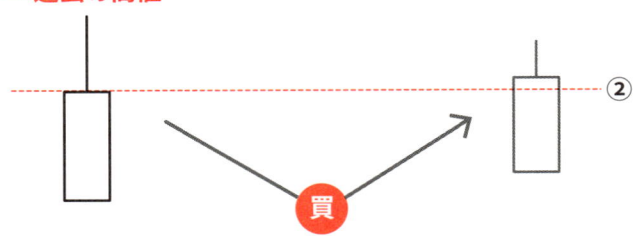

過去の高値は利益確定の目標値になりますが、上ヒゲに指値を入れていると、そこまで届かず下がってしまうケースも多いので、確実に利益確定できる実体部分で満足したほうがいいでしょう。

---

## 損切り

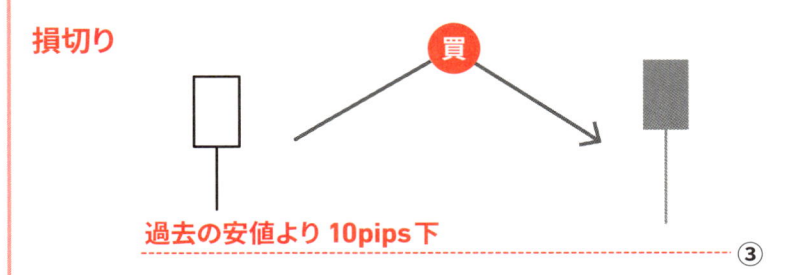

**過去の安値より 10pips 下**

過去の安値は損切りの目安になりますが、下ヒゲの価格に逆指値注文を入れると損切り後に反転上昇というケースも多いので、下ヒゲの 10 〜 20pips下値に入れるのがコツになります。

**チャートの局面は買いですか、売りですか、どこでエントリーを目指しますか？ チャート上にラインを引き、ゾーンを作って考えてください。**

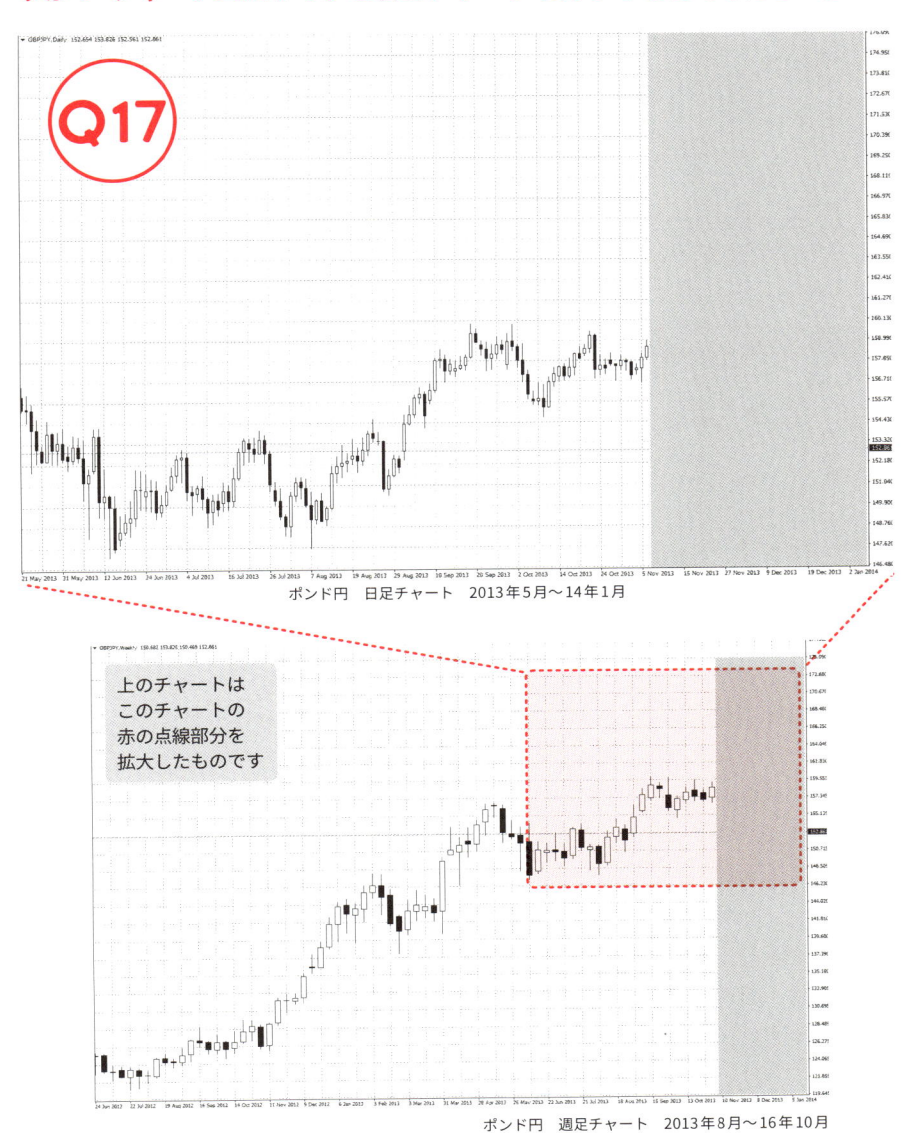

ポンド円　日足チャート　2013年5月〜14年1月

上のチャートは
このチャートの
赤の点線部分を
拡大したものです

ポンド円　週足チャート　2013年8月〜16年10月

**A17 買い**

- チャネルライン **B**
- 直近高値ゾーン①
- Cのサポートゾーンで買いを検討してもOK
- サポートゾーン **C**
- **A** 上昇トレンドのサポートライン
- 灰色のラインまでがQ17の値動き

**解説** 上昇トレンドでは、下値に位置するサポートライン付近まで為替レートが下がったところで買うのが売買戦略の基本になります。

Q17は、直近の高値ゾーン①が抵抗帯になって下落したものの、サポートラインA近辺で下げ止まって反転上昇に転じようとする局面です。

下段の週足チャートを見ても長期的な上昇トレンドが続いてきたので、サポートラインAを割り込まずに反転上昇しつつあるQ17の時点では、素直に「買い」での勝負を考えたほうがいいでしょう。

その後、チャネルラインBの延長線近辺まで上昇したら利益確定、サポートラインAを割り込んだら、損切りという戦略が有効です。

また、サポートゾーンCで買いを検討してみるのもよいでしょう。

上昇にせよ下降にせよ、トレンド相場が続いているときは、そのトレンドの方向性・角度を決めるトレンドラインやチャネルラインをゾーンで引いて、値動きを挟み込み、上下動のリズムを探ることが大切です。

## チャートの局面は買いですか、売りですか、どこでエントリーを目指しますか？ チャート上にラインを引き、ゾーンを作って考えてください。

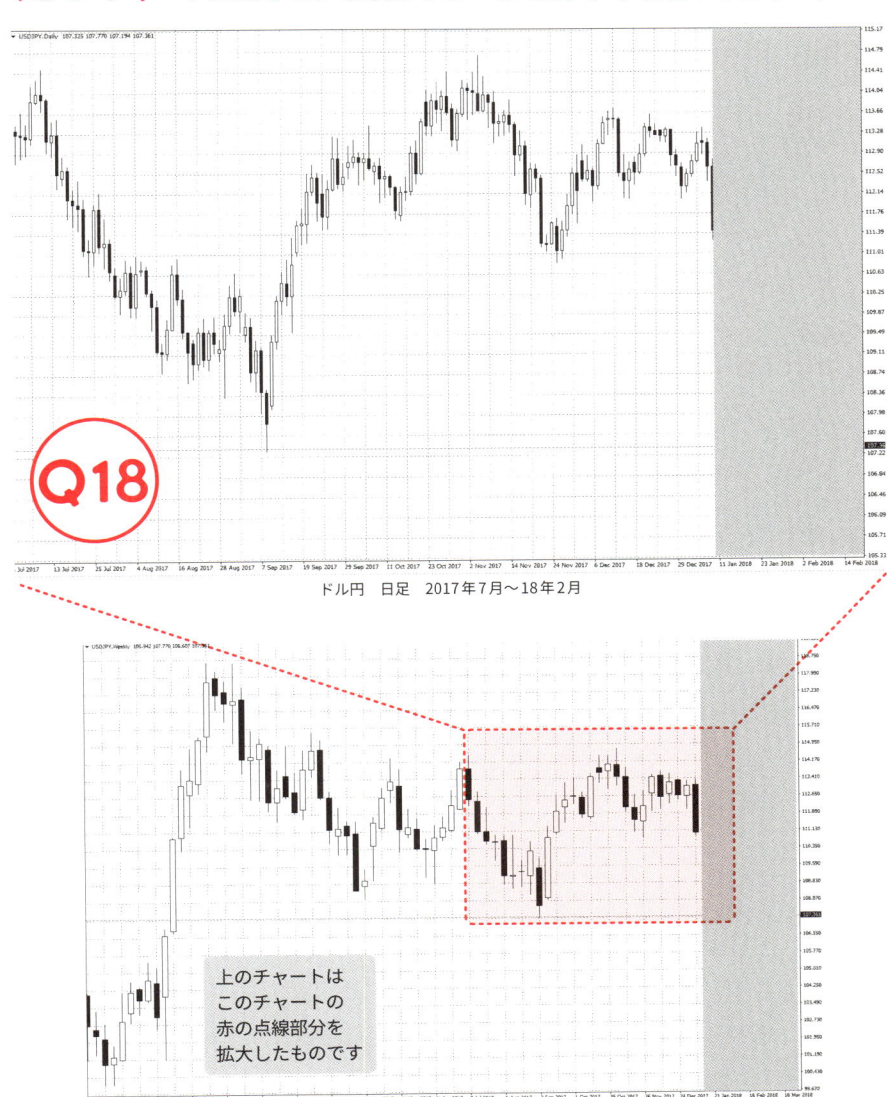

ドル円　日足　2017年7月～18年2月

上のチャートはこのチャートの赤の点線部分を拡大したものです

ドル円　週足　2016年9月～18年3月

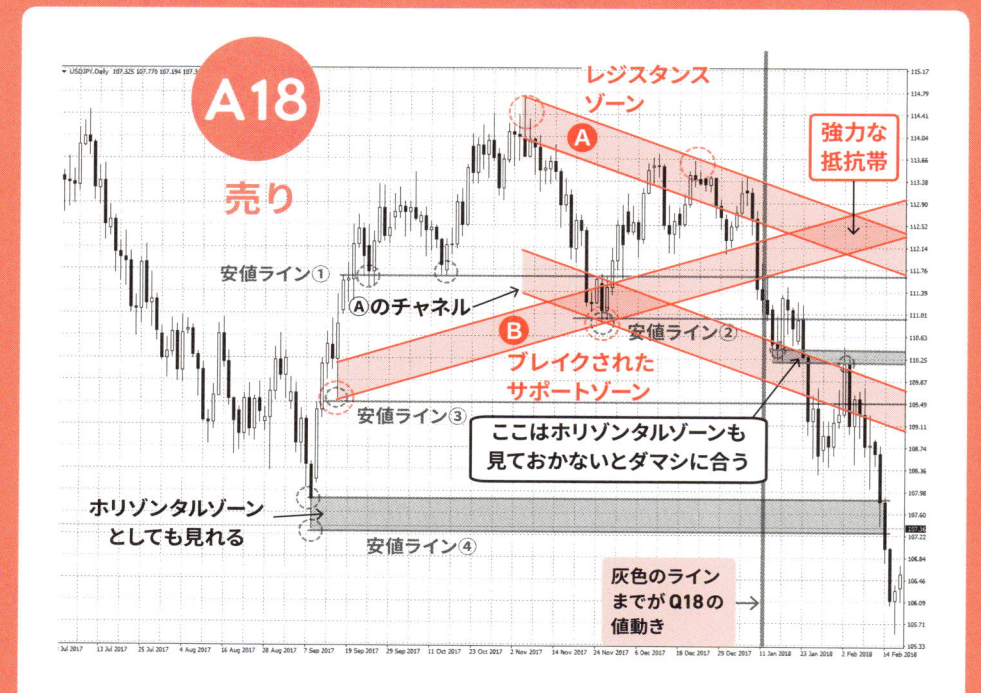

**解説** トレンドラインはいったんブレイクされると、支持帯から抵抗帯に、抵抗帯から支持帯に180度、役割が変化します。そのため、下降トレンドではまだ生きているレジスタンスラインに加え、すでにブレイクされたことで現在は抵抗帯に変化している、かつてのサポートラインを見つけることが大切です。両者が交差した地点は非常に強力な抵抗帯になり、その抵抗帯に対してどんな値動きをするかがシナリオ作りのメインテーマになります。

Q18の最後に出た大陰線はレジスタンスゾーンAに上値を抑えつけられたあと、サポートラインとなるゾーンBの下限も割り込む非常に強い値動きです。しかも安値ライン①も割り込んでいるので、売りで勝負するのが妥当でしょう。利益確定の第一目標は安値ライン③あたりになります。

Q18下段の週足チャートを見ると、現状は週足ベースでのレンジ相場下限となる安値ライン④に向かって下落しそうです。そう考えると、安値ライン④を目標安値にして、利益を伸ばす戦略も考えられますが、その後の値動きを見ると安値ライン④も割り込む急落となりました。

**チャートの局面は買いですか、売りですか、どこでエントリーを目指しますか？ チャート上にラインを引き、ゾーンを作って考えてください。**

ドル円　日足　2015年11月〜16年6月

上のチャートは
このチャートの
赤の点線部分を
拡大したものです

ドル円　週足　2015年1月〜16年7月

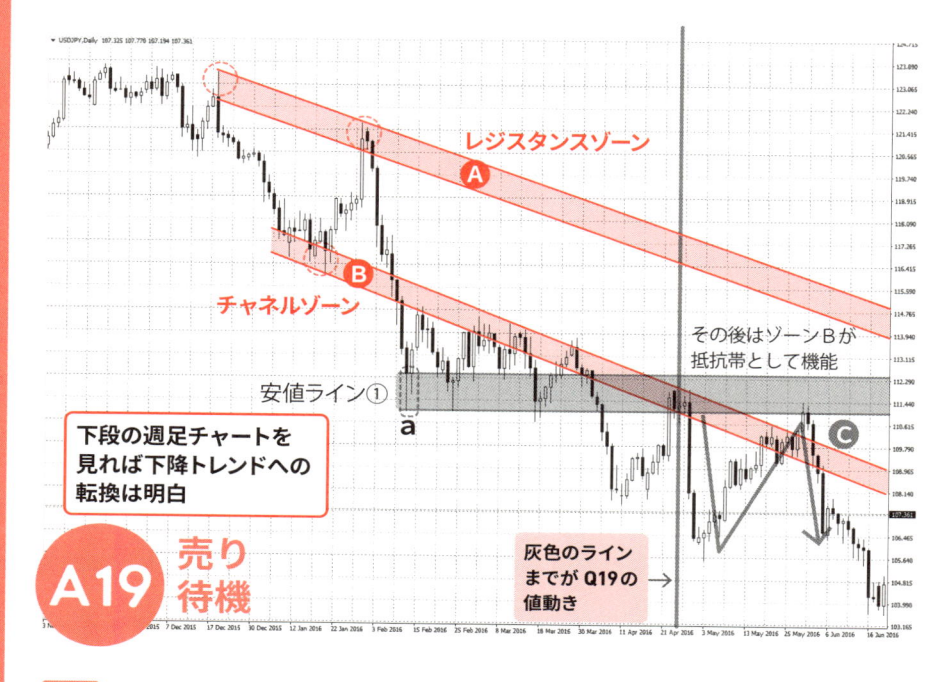

下段の週足チャートを
見れば下降トレンドへの
転換は明白

**A19** 売り
待機

灰色のライン
までが **Q19** の
値動き →

**解説** Q19下段の週足チャートで見る限り、ドル円が高値圏から下降トレンド入りしたのは明らかなので、売り目線で見るのが妥当です。

Q19では、画面左で高値圏から急落してレジスタンスゾーンAを形成したあと、そのチャネルゾーンBも下にブレイクして安値aをつけ、その後はチャネルゾーンBが上値を抑える形で下降トレンドが続いています。チャネルラインはトレンドライン（図ではレジスタンスゾーンA）とは違い、抵抗帯としての力は弱いですが、Q19では、aの安値を起点にしたホリゾンタルラインもブレイクしているので下落の勢いが強いと判断できます。

ただ、直近の値動きを見ると、チャネルゾーンBや安値ライン①のゾーンまで反転上昇しているので、ここからまた下げて、リターンムーブ（図ではCの動き）が起こるのを待つのが、ベターな局面といえるでしょう。なので、僕の答えは「売り待機」です。

## チャートの局面は買いですか、売りですか、どこでエントリーを目指しますか？　チャート上にラインを引き、ゾーンを作って考えてください。

ドル円　4時間足　2017年12月〜18年2月

上のチャートは
このチャートの
赤の点線部分を
拡大したものです

ドル円　日足　2017年10月〜18年2月

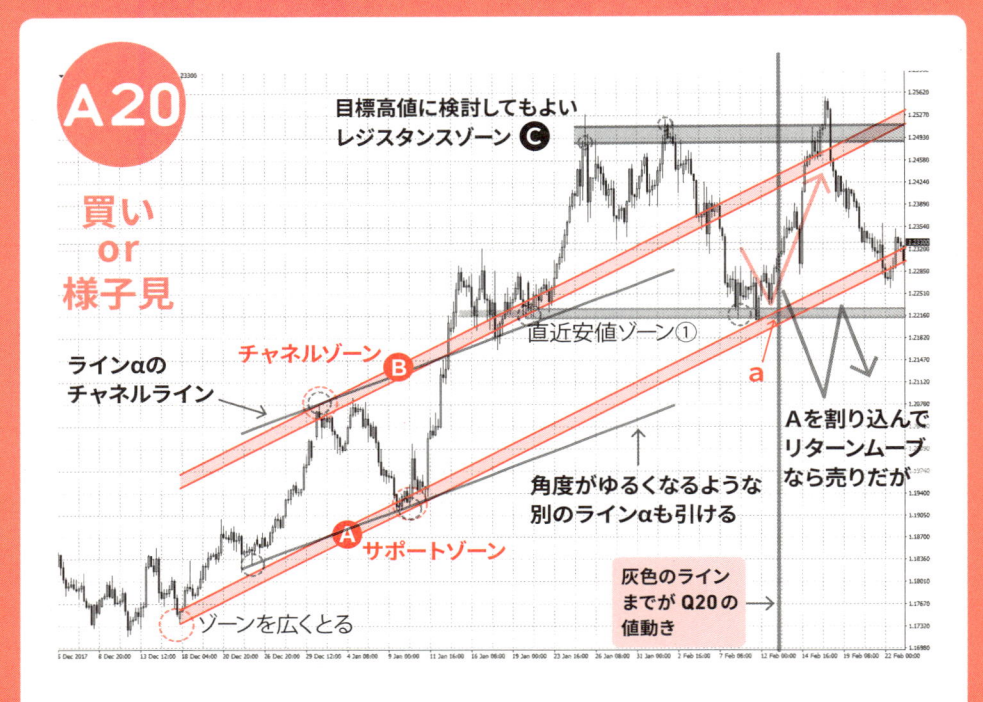

A20

買い
or
様子見

目標高値に検討してもよい
レジスタンスゾーン **C**

ラインαの
チャネルライン

チャネルゾーン **B**

直近安値ゾーン①

サポートゾーン **A**

角度がゆるくなるような
別のラインαも引ける

ゾーンを広くとる

灰色のライン
までが **Q20** の
値動き

**a**

Aを割り込んで
リターンムーブ
なら売りだが

**解説** Q20は下段の日足チャートの上昇トレンドを背景に、4時間足でもサポートゾーンAに支えられた上昇が続いています。より長い時間軸のトレンドと短い時間軸のトレンドが一致しているときこそ、そのトレンドの方向性に乗った取引ができるチャンスなので、当然、買い目線で値動きを見ていくべきです。

Q20はサポートゾーンAまで下落して、Aを割り込まずに反転上昇した局面です。現状のドル円は、直近安値ゾーン①とサポートゾーンAが交錯した強力な支持帯（aの地点）の上で反転上昇していることから、買いで勝負するチャンスといえるでしょう。

安値ゾーン①の下限から10〜20pips下に損切りの逆指値注文を入れて、当初のチャネルゾーンBまでの上昇を狙いたいもの。

Bのチャネル達成後は、わかりやすい高値Cのレジスタンスゾーンまで、目標にできます。ただ、その後の値動きはチャネルゾーンBを越えたものの、Cには到達せずに下落する展開になっています。

売買判断⑤

## チャートの局面は買いですか、売りですか、どこでエントリーを目指しますか？ チャート上にラインを引き、ゾーンを作って考えてください。

ポンド円　日足チャート　2016年1月〜17年4月

上のチャートは
このチャートの
赤の点線部分を
拡大したものです

ポンド円　週足チャート　2015年8月〜17年4月

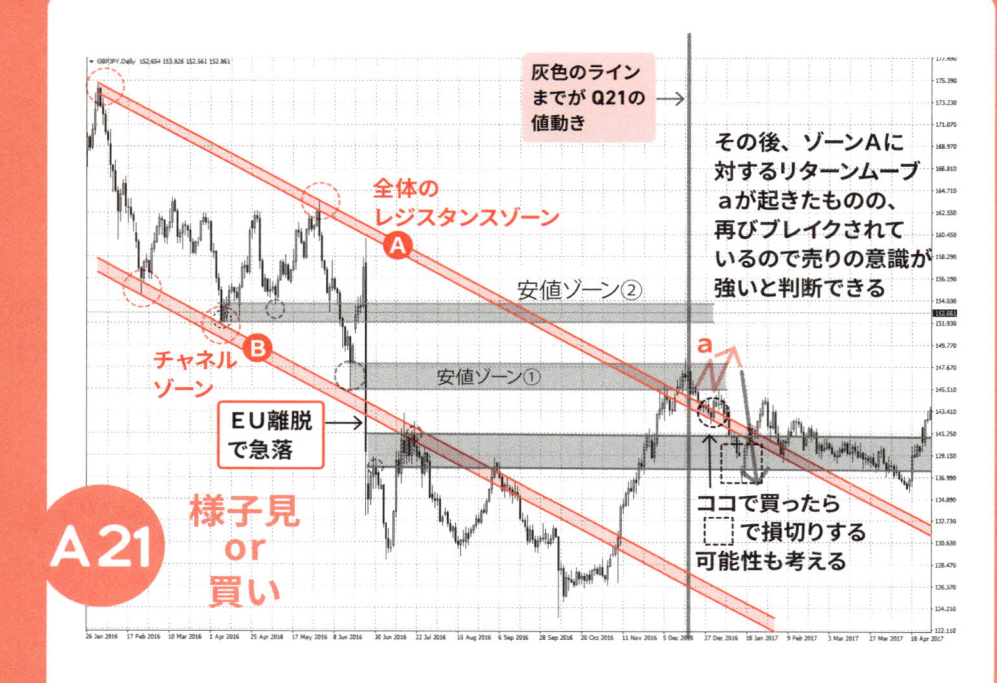

**解説** Q21は英国のＥＵ離脱でポンド円が急落したときの値動きで、下段の週足チャートを見る限り、底打ち反転モードに入っています。

ついつい買いたくなる局面ですが、Q21の時点ではレジスタンスゾーンＡをブレイクしたものの、安値ゾーン①の中で上ヒゲの長い陰線が出て、これまでの上昇が失速気味になっています。

野田式ＦＸでは、単純なレジスタンスラインのブレイクではなく、そこからのリターンムーブを狙うのがポリシー。トレンド転換を狙った買いで入るならリターンムーブ待ちになります。よって、現状では様子見という結論になります。

Q21以降の値動きは、レジスタンスゾーンＡに対してリターンムーブａが起こっていますが、再びＡのゾーンが下にブレイクされ直しているので、まだまだ売りの意識が強いと判断できます。

仮にこの局面で買っていたとすると損切りする可能性が出て来ます。その場合、Ａのレジスタンスゾーンの下抜けを目安にします。

**チャートの局面は買いですか、売りですか、どこでエントリーを目指しますか？ チャート上にラインを引き、ゾーンを作って考えてください。**

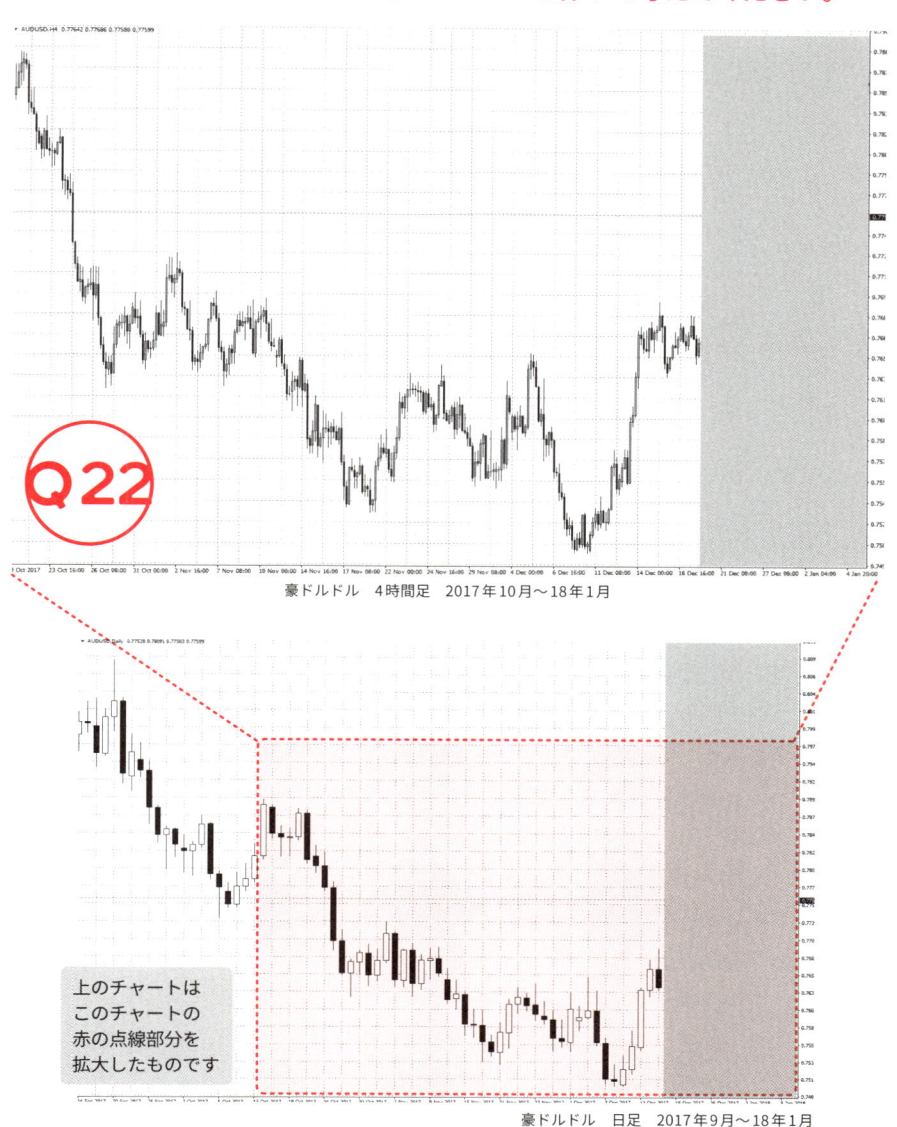

豪ドルドル　4時間足　2017年10月〜18年1月

上のチャートは
このチャートの
赤の点線部分を
拡大したものです

豪ドルドル　日足　2017年9月〜18年1月

灰色のラインまでが**Q22**の値動き→

A22 買い

高値ゾーン②

レジスタンスゾーン
Ⓐ

Ⓑ

b　　c

ブレイクされた
サポートゾーン

高値ゾーン①

リターン
ムーブa
が発生

チャネルライン

解説 Q22の下段の日足チャートを見ると、直近の高値が更新され、長く続いた下降トレンドが小休止しています。

トレンド転換の明確なシグナルになるのはレジスタンスゾーンＡのブレイクですが、Q22ではそのブレイクに成功。さらにゾーンＡに対してリターンムーブａの動きが起こっているので素直に買いで勝負してもいいでしょう。

画面の左側で急落したあと、いったん下げ止まった安値ｂとｃの２点を結んだサポートゾーンＢはすでにブレイクされていますが、Q22の最後の値動きはゾーンＢに対してもブレイクしたあと、リターンムーブの動きになっているので、なおさら買いでエントリーしたいところです。

その後は高値ゾーン①、②を越える上昇が続いていきました。

ただ、こういった高値ブレイクの勢いに乗って買うのは「慌て買い」の高値づかみになるリスクもあるので、野田式ＦＸでは厳禁です。

あくまでリターンムーブが起こった初動段階で買うべきで、そこを逃したら、たとえ上昇が続こうが我慢して次のチャンスを待つのが安全第一の野田式FXの考え方です。

## チャートの局面は買いですか、売りですか、どこでエントリーを目指しますか？ チャート上にラインを引き、ゾーンを作って考えてください。

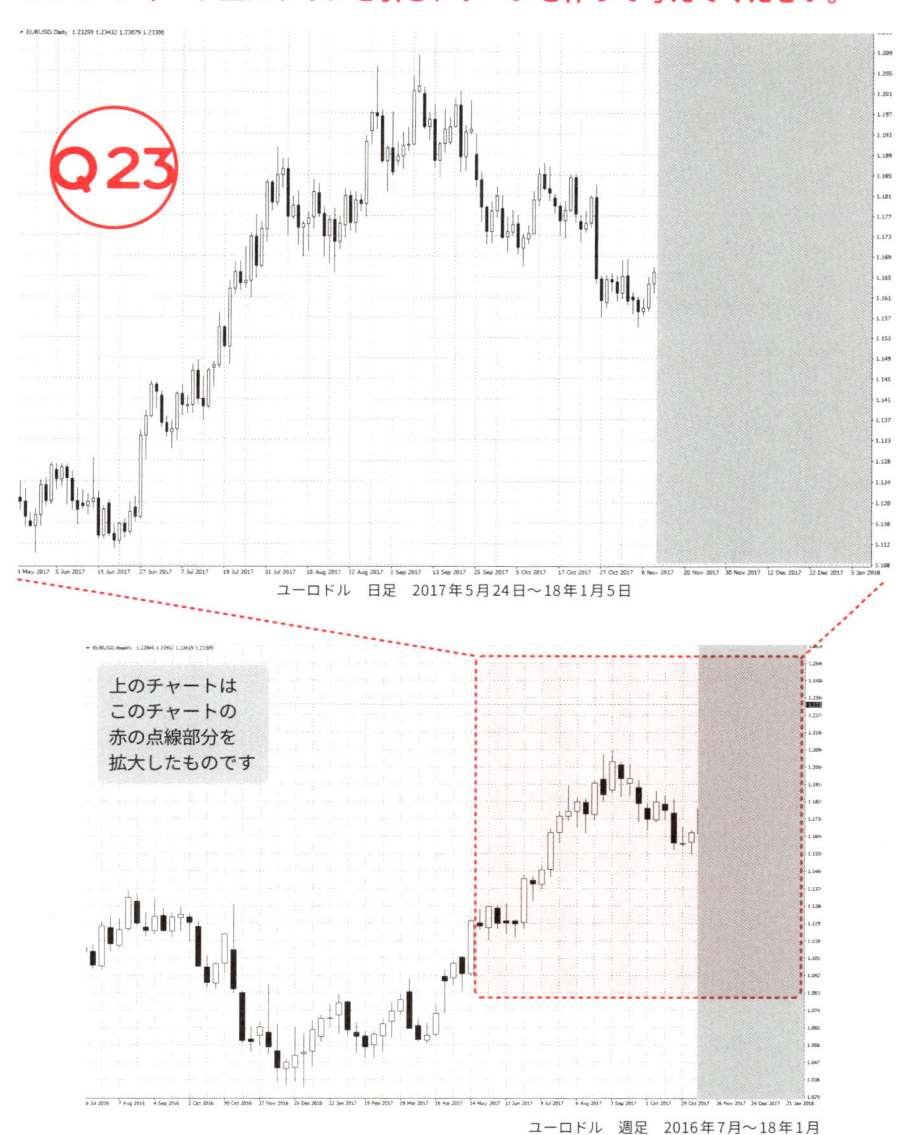

ユーロドル　日足　2017年5月24日〜18年1月5日

上のチャートは
このチャートの
赤の点線部分を
拡大したものです

ユーロドル　週足　2016年7月〜18年1月

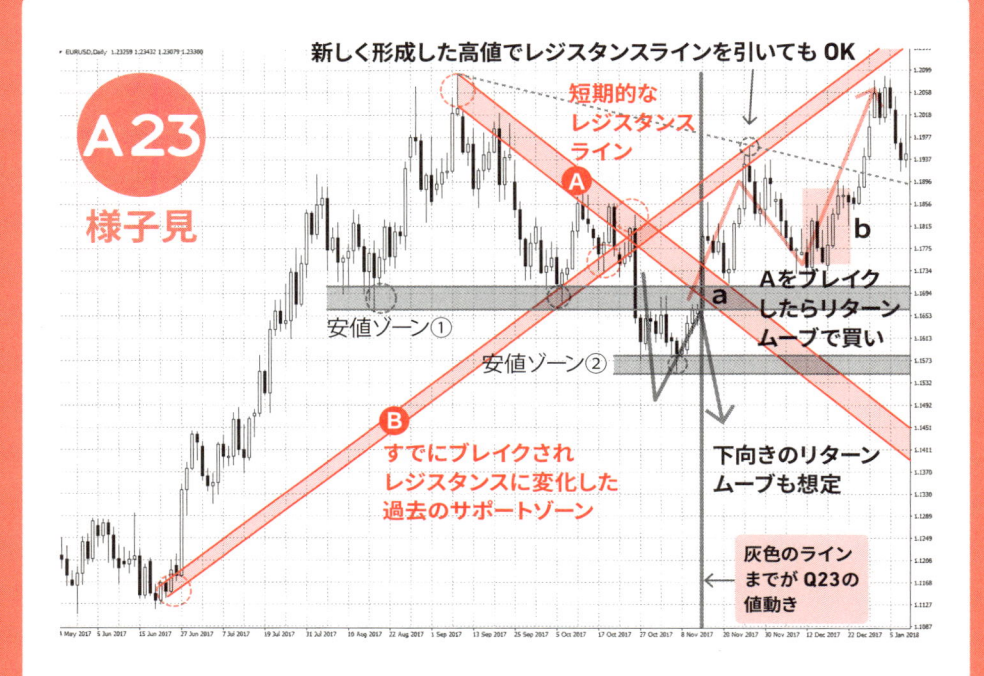

新しく形成した高値でレジスタンスラインを引いても OK

短期的な
レジスタンス
ライン

Ⓐ

Ⓑ

すでにブレイクされ
レジスタンスに変化した
過去のサポートゾーン

安値ゾーン①

安値ゾーン②

Aをブレイク
したらリターン
ムーブで買い

b

a

下向きのリターン
ムーブも想定

灰色のライン
← までが Q23 の
値動き

**解説** Q23下段の週足チャートを見ると、ユーロドルは上昇トレンドの安値から再上昇に転じた局面です。

上昇トレンドが継続するシナリオに立つなら、素直に買いたいところです。今後、上昇が続くためには、直近の値動きが位置する、短期的なレジスタンスゾーンAと安値ゾーン①が重なった抵抗帯 a を抜け切る必要があります。さらに、かつてのサポートラインで現在はブレイクされて抵抗帯に変化したゾーンBが間近に迫っており、Bの延長線上で上値が抑えられるシナリオも考えられます。

反対に、現状の値動きはレジスタンスラインAや安値ゾーン①に対するリターンムーブの前兆にも見えます。この先、安値ゾーン②を割り込むような値動きが生まれると、下向きのリターンムーブ完成で売り勝負も考えられるところ。

買い局面にも売り局面にも解釈できるので、ここは様子見が妥当でしょう。その後の値動きはレジスタンスゾーンAをブレイクして上昇。上向きのリターンムーブの動きが確認できる b の地点まで来たら買い出動してもいいでしょう。

## 相場展望

図はドル円の2018年現在までの長期的な値動きです。トレンドラインを引いてゾーンを作ることで、今後の相場展望を立ててください。

ドル円　週足　2012年1月～18年4月

上のチャートは
このチャートの
赤の点線部分を
拡大したものです

ドル円　月足　2004年11月～18年4月

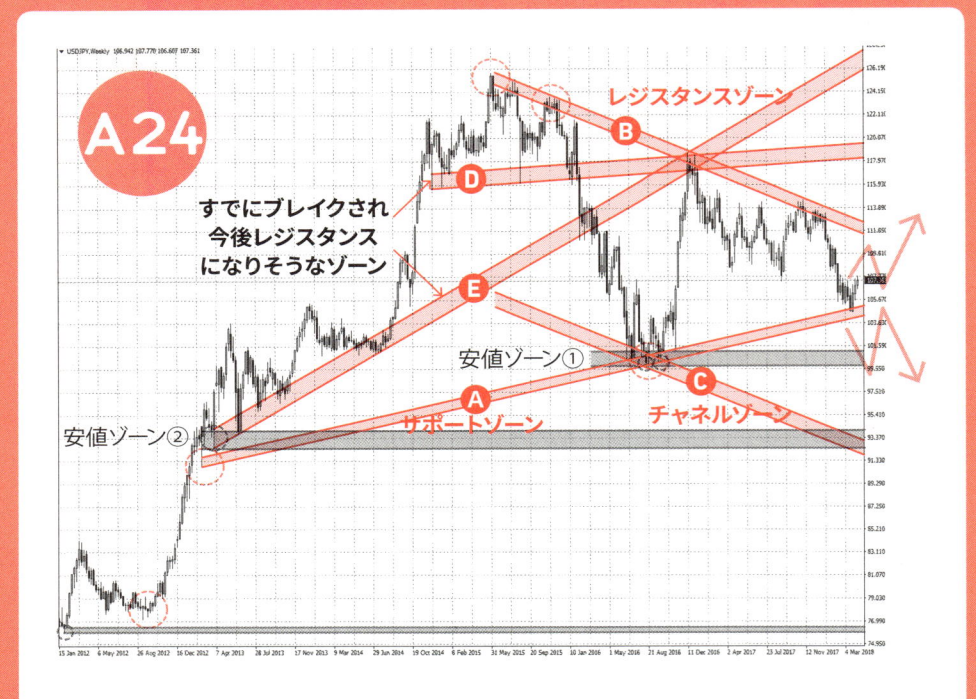

安値ゾーン②　安値ゾーン①　サポートゾーン　チャネルゾーン　レジスタンスゾーン

すでにブレイクされ
今後レジスタンス
になりそうなゾーン

**解説** 2018年現在のドル円の支持帯・抵抗帯としては、サポートゾーンＡとレジスタンスゾーンＢを引くことができます。ドル円はアベノミクスで急騰後、この2つのゾーンに挟まれた領域で推移しています。

今後、上昇する場合はレジスタンスゾーンＢのほかに、すでにブレイクされてレジスタンスに変化したＤやＥのゾーンも上昇を阻む抵抗帯になりそうです。

逆に下落する場合はＣのチャネルゾーンや安値ゾーン①、②が下落を食い止める支持帯として働きそうです。こうした抵抗帯・支持帯を自分なりに見つけて、ゾーンがブレイクされるかされないかをシナリオ立てて考えていくのがゾーン分析です。

ラインやゾーンはいろいろ引けますが、大切なのは自分で引いたラインに対して複数のシナリオをイメージできるかどうか。「シナリオが分岐するのはどの地点か」「想定したシナリオとズレてきたと判断できるのは、どんな値動きか」など、現実の値動きに合わせた修正力も非常に大切です。

# 最後に

## ◉ ライン分析で値動きをイメージ

本書のテーマはライン分析ですが、ラインは単純だけど奥が深く、僕も日夜、腕を磨いています。

ライン分析の魅力は、一見すると気まぐれでランダムに上がったり下がったりしているだけに見える為替レートの値動きをラインやゾーンで囲い込み、**無限の可能性があるように見える今後の「値動き」の行方をイメージできる**ことです。

ラインを引く前のチャートと、ラインやゾーンを引いたあとのチャートを見比べれば、その差は歴然です。

自分が引いたラインやゾーンによって、一目見ただけではわからなかった値動きの内部構造が明らかになります。

世界中の投資家が作った「無意識の総和」とでも言うんでしょうか？

無意識のうちに感じてはいたものの、はっきり自覚していなかった値動きの方向性や角度がわかることで、その裏に潜む投資家の思惑や深層心理を浮かび上がらせることができます。

逆にいうと、真っさらなチャートを見ているだけじゃ、この先、上がるのか下がるのか、まったくイメージがわいてきません。

ラインやゾーンを作って、値動きをマッピングすることで、「このラインに跳ね返されるか、上抜けるかが争点だ」とか「このゾーンがサポートからレジスタンスに変化するシナリオが有力だ」といった「値動きのイメージ」が初めて可能になるんです。

真っ白で、なんの手がかりも取っ掛かりもなかった未来の値動きが今後、どうなるか解き明かすための「鍵」「手がかり」「ヒント」を自らの手で引いていくのがライン分析なのです。

よく、ピラミッドやモナ・リザなど人間が作った建築や芸術作品は不思議と1:1.618の黄金比でできているといわれます。考えてみれば、FXの値動きも全世界ウン十万、ウン百万人の投資家が作った人間の造形物。ラインやゾーンが織りなす幾何学的な美しさを、無意識のうちに求めてるっ！、なんていうと、ちょっといいすぎかもしれませんが…。

　第6章に掲載したドリルの問題は初心者の方には少し難しかったかもしれませんが、正解は1つじゃありません。

　この本を読んだことでライン分析に目覚めて、真っ白なFXのチャートにたくさん、たくさん、たくさん、自分なりのラインを引いて、ゾーンを作ってみてください。

## ◉ 勝ち逃げできる人、休める人が強い！

　とはいえ、FXで勝ち続けるためには、ライン分析だけでなく、ほかのテクニカル指標も覚えたほうがいいですし、資金管理やメンタルコントロールなど「総合力」が必要です。

　ギャンブルで多くの人が失敗するのは、「勝ち逃げ」ができないからです。一度、勝ったら「もっと勝てるはず」とさらに大きな取引に走ってしまうため、結局、大損してすっからかんにならないとギャンブルを止めることができません。みなさん、**勝ち逃げする癖**をつけましょう。

　また「**休むも相場**」も重要です。自分が確信を持てる状況にならないと取引するべきではないのに、多くの人は「ただ、なんとなく」エントリーして失敗してしまうケースが非常に多いと思います。

　FXの中毒になってしまうと、せっかく24時間、値動きがあって大儲けのチャンスが転がっているのに様子見しているのは、「みすみすチャンスを逃すようで悔しい」と感じてしまいがちです。

　しかし、「取引しない＝損するリスクがない」という選択肢はある意味、僕ら投資家にとって、非常に頼もしい特権です。

　自分が「必勝パターン」と思う状況になるまで取引しないでいい自由があ

ることを「強み」「自分にとって有利な状況」と考えるようにしましょう。

## ◉ 結局、楽しめる人が稼げる！

　FXでコンスタントに利益を上げ続けるのは、会社に勤めてお給料をもらうのに比べて、簡単かもしれませんし、難しいかもしれません。

　それはあなたのリスク管理能力やトレード技術、反省や復習などFXに対する取組姿勢、何が何でもFXで成功したいというやる気や意気込み次第です。

　1ついえるのは「この本を読んだからといって、急にFXで稼げるようになるわけではない」という厳しい現実です

　**FXトレードは、本を1冊読んだらすぐに1億円儲かった、なんて"子供ダマシ"が通用する甘い世界ではありません。**いまや月利50-100%の利益を稼ぎ続けている僕だって、日々、FXの厳しさや過酷さをひしひしと感じています。

　目標を持つことは大切なことです。でも、「1年で1000万円稼いで会社を辞めてやる」とか「1億円儲けて他人を見下してやる」とか、カネ勘定を目的にFXを始めると、たいてい失敗します。

　逆に「FXは楽しい、おもしろい、ワクワクする！」と感じることができれば、好奇心や向学心が持てて、トレード技術も自然と、どんどん向上するはずです。「FXに出会えて本当によかった、つくづく感謝します！」

　この本がそう思えるきっかけになってくれれば、うれしい限りです。


　そして、この本を読んで、もっとFXのことを深く知りたいと思った方はぜひ僕が開催しているセミナーにも参加してみてください。FXの魅力は尽きません。いつでも大歓迎です！

2018年初夏

FXトレーダー　野田しょうご

# 本書をご購入いただいた方限定の特別なプレゼントをご用意しました。

**こちらよりダウンロード方法をご確認ください。**

▼ 特典案内ページのURL

**http://landing.fukugyou-academy.com/nodashikifx/**

(特典の提供は予告なく終了することがあります。予めご了承ください)

**特典内容**

**特典①** **成功トレード＆失敗トレード考察**

著者がこれまでのトレードの中で「これは上手くいった！」、逆に「これは本当に大失敗だった」というトレード例をご紹介し、そのトレード内容について考察したレポートをプレゼントします。

**特典②** **FXで負けないための鉄則5ヶ条動画＆テキスト**

12年間のFXトレードで著者が見つけた「負けない」ための鉄則を、動画とテキストでお教えします。

**特典③** **本書の内容を振り返る勉強会動画**

書籍を読んだあとのおさらいに最適な動画を、なんと2時間の大ボリュームでお届けします。

**特典④** **出版記念セミナーに無料でご招待**

書籍ではご紹介しきれなかった㊙テクニックも飛び出すセミナーに無料でご招待します。

**こんな方はぜひ特典をご活用くださいね** ▶
- 本業とは別に、少しでも収入がほしい
- FXについてもっと詳しく学んでみたい

※本特典の提供は、株式会社レベクリ（副業アカデミー）が実施します。販売書店、取扱図書館とは関係ございません。お問い合わせはinfo@fukugyou-academy.comまでお願いいたします。

# 副業アカデミー
## Side business academy

# 「収入の柱を増やして人生を選べるようになる」を
# 理念とする副業の学校。

働き方改革、大企業による副業解禁・残業規制、終身雇用の崩壊など、本業収入だけに依存している状態が非常に危険な時代に備えるため、様々な副業の手段を提供することでお客様に収入の柱を増やしていただくことを使命に活動を展開している。2018年7月現在で受講生は400名を突破し、多くの方が収入を増やして人生を変えている。

副業アカデミーホームページ　**http://fukugyou-academy.com** ▲

| | |
|---|---|
| 副業で具体的に収入を<br>増やす方法が理解できる　**1** | 理解できるだけではなく<br>実践できるようになる　**2** |
| 同じ志を持つ仲間と出会い、<br>共に成長できる。　**3** | 副業で収入が増えた後に<br>事業や投資などで更に独立・飛躍<br>していくステップも学べる　**4** |

## ¥$ FX講座 ▶ 圧倒的な収益を叩き出せるトレードを極める

リスクが高い印象のあるFXですが、しっかり学び実践することで、大きな収益を出すことが可能です。本書の著者である野田しょうご氏が最新のFXトレード手法についてお伝えする講座です。小額から始められ、自由度の高い取引ができるのが、FXのメリットです。本講座では収益の取り方（売り買い）、チャートの読み方、分析方法といった基本的な知識から、もっとも重要なリスク管理の方法をしっかりと学ぶことで、より低リスクでより大きな収益を得られるFX投資を目指します。

**こんな方に<br>おすすめ！** ▶
- 大きな収益を手に入れたい
- リスクにしっかり向き合っていく気持ちがある
- 毎日30分〜1時間の勉強時間を作れる

**【著者】野田しょうご（のだ・しょうご）**

個人FXトレーダー。副業アカデミー「FX講座」担当。

証拠金500万円で月収200-500万円をコンスタントに稼ぐ職人的ＦＸトレーダー。手法はチャートのライン分析を重視したテクニカル派。知人にFXトレードを教え、半年で資金2倍にさせた経験などから、FXコミュニティを設立、会員数を順調に増やしている。同コミュニティでは、リアルトレードを始めて1ヶ月目で70%の利益、1回の取引で700pips の利益を叩きだした会員も輩出。塾の先生の経験もあり、人に教えたりテキストを作成するのが得意。

**【監修】小林昌裕（こばやし・まさひろ）**

「収入の柱を増やし、人生を選べるようになる」を理念とする副業アカデミー代表。明治大学リバティアカデミー「金融マネジメント入門」講師。著書に『年収350万円のサラリーマンから年収1億円になった小林さんのお金の増やし方』(SBクリエイティブ)、『ふがいない僕が年下の億万長者から教わった「勇気」と「お金」の法則』(朝日新聞出版) がある。

**ＦＸチャート最強実戦集 まずは副業で月10万！**

2018年7月23日　初版発行
2019年4月3日　5刷発行

著　者　　野田しょうご

発行者　　常　塚　嘉　明

発行所　　株式会社　ぱる出版

〒160-0011　東京都新宿区若葉1-9-16
03(3353)2835－代表　03(3353)2826－FAX
03(3353)3679－編集
振替　東京 00100-3-131586
印刷・製本　中央精版印刷株式会社

Printed in Japan

ISBN978-4-8272-1123-8　C0033